UMA PSICANÁLISE ERRANTE

CONSELHO EDITORIAL
André Luiz V. da Costa e Silva
Cecilia Consolo
Dijon De Moraes
Jarbas Vargas Nascimento
Luís Augusto Barbosa Cortez
Marco Aurélio Cremasco
Rogerio Lerner

Blucher

UMA PSICANÁLISE ERRANTE

Andanças cinemáticas e reflexões psicanalíticas

Miriam Chnaiderman

Uma psicanálise errante: andanças cinemáticas e reflexões psicanalíticas
© 2024 Miriam Chnaiderman
Editora Edgard Blücher Ltda.

SÉRIE PSICANÁLISE CONTEMPORÂNEA
Coordenador da série Flávio Ferraz
Publisher Edgard Blücher
Editor Eduardo Blücher
Coordenação editorial Andressa Lira
Produção editorial Luana Negraes
Preparação de texto Maurício Katayama
Diagramação Negrito Produção Editorial
Revisão de texto Regiane da Silva Miyashiro
Capa Leandro Cunha
Imagem da capa O coletivo Escutando a Cidade em percurso pela avenida São João, no centro de São Paulo. Foto de Peu Robles, finalização de Isabel Guidatti Oppermann.

Blucher

Rua Pedroso Alvarenga, 1245, 4º andar
04531-934 – São Paulo – SP – Brasil
Tel.: 55 11 3078-5366
contato@blucher.com.br
www.blucher.com.br

Segundo o Novo Acordo Ortográfico, conforme 6. ed. do *Vocabulário Ortográfico da Língua Portuguesa*, Academia Brasileira de Letras, julho de 2021.
É proibida a reprodução total ou parcial por quaisquer meios sem autorização escrita da editora.

Todos os direitos reservados pela Editora Edgard Blücher Ltda.

Dados Internacionais de Catalogação na Publicação (CIP)
Angélica Ilacqua CRB-8/7057

Chnaiderman, Miriam
   Uma psicanálise errante : andanças cinemáticas e reflexões psicanalíticas / Miriam Chnaiderman. – São Paulo : Blucher, 2024.
   344 p. (Série Psicanálise Contemporânea / coord. de Flávio Ferraz)

Bibliografia
ISBN 978-85-212-2060-2

1. Psicanálise e cinema. 2. Cinema – Aspectos psicológicos. I. Título. II. Ferraz, Flávio. III. Série.

23-6379   CDD 150.195

Índice para catálogo sistemático:
   1. Psicanálise e cinema

Para Reinaldo Pinheiro,
que me presenteou com o cinema.

Para meu pai,
que acreditou nessa empreitada.

Conteúdo

Advertência ao leitor   11

A construção do livro   13

Introdução – Uma psicanálise errante   15

O nascimento do cinema em uma psicanalista   19

Parte I – *Dizem que sou louco*   **25**

1. O acontecimento *Dizem que sou louco*   27

2. Escrituras urbanas   31

3. Texto/manifesto   53

Parte II – *Artesãos da morte*   **59**

4. Um documentário sobre a morte   61

5. A psicanálise diante da morte   65

8 CONTEÚDO

6. A experiência do limite: um documentário, por um triz,
uma crônica 71

Parte III – O filme que não aconteceu: *De alma na mão* 77

7. Construindo o *Ar(l)ma na mão*: do Cemitério da
Consolação ao Fórum em Defesa da Vida 79

**Parte IV – O documentário que aconteceu: *M'Boi Mirim:
dos índios, das águas, dos sonhos*** 85

8. Retomando o *Alma na mão* como *Mão na alma* –
M'Boi Mirim 87

Parte V – *Gilete azul* 91

9. Conhecendo Nazareth Pacheco 93

10. Inventando corpos e/ou desvelando o erótico em
inquietante devassidão: o encantamento dolorido 95

**Parte VI – *Isso, aquilo e aquilo outro, Você faz a diferença,
Afirmando a vida*** 105

11. A tragédia cotidiana do preconceito 107

12. Intervindo no mundo, participando do programa
Educando pela Diferença para a Igualdade: minorias,
discriminação étnica, preconceito, miséria... da
tragédia cotidiana a uma ética da alteridade 111

13. *Afirmando a vida*: por uma psicanálise pintada de
urucum e jenipapo 131

14. Transnacionalismos, identidades e a psicanálise 141

Parte VII – *Passeios no recanto silvestre* **147**

15. Um filme sobre José Agrippino de Paula 149

16. Panaméricas de utópicos Embus: acolhendo enigmas 153

17. Filmar a loucura: "Tudo que se imagina, é" – Estamira e
José Agrippino 165

18. José Agrippino morreu 173

Parte VIII – *Procura-se Janaína* **175**

19. Hurbinek: o que aprendemos com Primo Levi 177

20. O Brasil das crianças sem lugar no mundo: a construção
do documentário *Procura-se Janaína* 181

21. Reencontrando Janaína 193

Parte IX – *Sobreviventes* **195**

22. Sobreviventes: da pesquisa ao documentário 197

23. Transformando ideias em imagens: sobre a realização
do documentário 203

24. Buscando baobás na aridez do asfalto: instaurando
origens 213

Parte X – *De gravata e unha vermelha* **229**

25. Fisgada pelo mundo: de gravata e unha vermelha 231

10 CONTEÚDO

26. Sexualidades em cena e/ou sexualidades encenadas: o sexual   235

27. Com qual sexo se faz qual sexo se somos mil sexos   255

28. É possível ser *gender fucker*?   265

29. As famílias e as novas sexualidades   283

Parte XI – *O silêncio que fala*   **297**

30. A luta de um coletivo faz um documentário acontecer: o silêncio que fala   299

Parte XII – *O oco da fala, O grito silenciado, Em busca da dignidade*   **301**

31. Corpos ausentes e presentes   303

32. A representação do inomeável: três documentários para a Clínica do Testemunho   307

33. Duas crônicas: as filmagens de *O oco da fala*   319

Parte XIII – Conclusão infinda   **329**

34. Fluxos em espiral   331

35. A escuta do fora e a escuta do dentro: estar na cidade   333

Advertência ao leitor

Esse livro não é apenas feito de depoimentos, embora minha experiência no cinema seja o fio condutor. Também não é um livro que reúne ensaios teóricos, embora contenha vários.

Construí este livro mostrando de que forma o cinema me colocou questões tanto em minha prática clínica como na indagação psicanalítica mais metapsicológica. Freud teorizou a partir de sua clínica. Aqui, a teoria brota a partir do processo de filmagem. Para isso, foi importante contar da minha experiência como diretora e tentar que o leitor também se colocasse questões relativas a essa intersecção.

Espero que o imbricamento entre cinema e psicanálise produza encontros fecundos. E que vocês consigam me acompanhar nessa grande aventura.

A construção do livro

O primeiro relato da minha experiência com o cinema foi exposto no ensaio "Um olhar-escuta: a experiência do cinema", que é parte da coletânea organizada por Giovanna Bartucci, *Psicanálise, arte e estéticas da subjetivação* (Imago, 2002). Esse ensaio foi ampliado e publicado na coletânea *Ensaios brasileiros contemporâneos, psicanálise*, organizada por Tania Rivera, Luiz Augusto M. Celes e Edson Luiz André de Sousa (Funarte, 2017).

Escolhi aqui expor o relato de cada filmagem seguida dos textos teóricos despertados em cada experiência. Utilizo então trechos desses dois ensaios com acréscimos, mudanças e maior detalhamento.

Introdução
Uma psicanálise errante

Nomadismos

Deambular por uma cidade qual um caminhante solitário e por essas errâncias ir descobrindo o que nunca vemos. Instaurar um olhar, carne do mundo de uma cidade cotidiana que se torna estranha, estrangeira. Experiência única do sair pela rua procurando encontros com nossos personagens.

Assim começa o ensaio publicado no *Correio da Associação Psicanalítica de Porto Alegre* (Chnaiderman, 2000), que descreve a experiência que tive no decorrer da pesquisa que fizemos para a realização do meu primeiro documentário, *Dizem que sou louco* (1994).

A experiência do sair para a rua e ser fisgado pelo evento servirá de paradigma nesta reflexão a respeito das relações entre psicanálise e cultura: sair do contexto instituído da clínica, da comodidade de nossos consultórios, e, com nossa maleta viajante de

16   INTRODUÇÃO

psicanalistas, ir até o mundo. Nomadismo necessário em que, com um jeito a ser inventado, somos obrigados a pensar a clínica a partir do contato com o asfalto, com a poeira, com os acordes dissonantes da contemporaneidade.

Tudo isso a experiência de fazer documentários traz necessariamente: a desestabilização de papéis que costumam ser tão petrificados quando nos mantemos entre as quatro paredes de nossos consultórios, o questionamento do que é ser psicanalista quando somos jogados pelos becos e ruelas de nossas periferias, ou quando estamos em frente de tristes enfeitados túmulos na busca de desvendar aquilo que é a morte em nosso mundo contemporâneo.

Esse curvar-se diante do mundo, abrir-se para poder ser fisgado pela chuva e pelo sol, tudo isso leva ao encantamento dessa grande aventura na qual o ritmo não é o do relógio dos gabinetes.

Surge assim uma imensa gratidão a tudo que me levou ao cinema, pois uma clínica do possível descortinou-se. Tudo isso inaugurado com o encontro com meu companheiro, Reinaldo Pinheiro. O cinema em mim sempre existiu, mas o fazer cinema nasce desse encontro amoroso.

Homenagens necessárias:

Amir Labaki, diretor do tradicional festival de documentários *É tudo verdade*, é parte importante na presença do meu trabalho pelos festivais e pelo mundo, percurso sempre inaugurado na seleção rigorosa dos filmes que são exibidos.

O coletivo Escutando a Cidade flanou comigo cidade afora. Meu enorme agradecimento a cada um(a): Alexandra Sapoznik, Luiza Sigulem, Peu Robles, Soraia Bento e Paula Janovitch.

Paula Janovitch foi parceira fundamental na escolha da capa desta obra, que acabou sendo uma foto de Peu Robles.

O mundo e a clínica

Talvez apenas a errância possa definir a relação entre psicanálise e cultura. O mergulho no mundo, possibilitado pela tarefa, muitas vezes árdua, de fazer documentários, permitiu que outras cidades, as não institucionalizadas, aparecessem.

Conheci mundos aos quais só pude ter acesso por estar com uma equipe filmando. Tento aqui uma reflexão sobre isso que venho vivendo. Essa ponte entre as questões da psicanálise e as questões de nosso mundo contemporâneo foi fecunda. Fiz treze documentários que hoje circulam pelo mundo e, agora, aqui busco transmitir de que jeito essa experiência me enriqueceu como psicanalista.

É interessante notar que, mesmo com os treze documentários, vários prêmios nacionais e internacionais, eu ainda me nomeio como uma psicanalista que faz documentários, que sai para o mundo com o instrumental oriundo da psicanálise. É como se eu não pudesse me autodenominar cineasta. Denomino-me uma psicanalista que faz documentários.

O fato é que a psicanálise está entranhada no que faço. Entranhada, vem das entranhas. Assim como vem das entranhas o encantamento com o cinema, com a literatura.

Fui ensinada, desde muito pequena, a não transformar o conhecimento em armadura empobrecedora. Foi assim que ir para o mundo me levou a repensar minha clínica e minhas leituras da psicanálise. O cinema, de fato, deixou de ser mera ilustração da psicanálise. Fazer cinema leva a questionar a inserção da psicanálise na cultura, ou a cultura pensada pela psicanálise, ou a psicanálise pensada a partir da cultura, ou o fazer cultura do lugar de psicanalista. Fazer cultura, ser agente da cultura fazendo cinema e sendo psicanalista.

18   INTRODUÇÃO

Uma reflexão necessária, a relação entre a clínica e a inserção no mundo da cultura. Reflexão presente a cada minuto tanto nas filmagens quanto na ilha de edição. Essa inserção é inevitável, para todo e qualquer psicanalista. Afinal, longe da psicanálise qualquer posição essencializante.

Referência

Chnaiderman, M. (2000, agosto). Imagens flutuantes: tapetes voadores de uma psicanálise errante. *Correio da APPOA, 82*(IX), 43-53.

O nascimento do cinema em uma psicanalista

Argumento inicial

Em conversas com cineastas, é bem frequente a frase: "vejo o mundo decupado, sonho decupado". Impressiona a frase de Eduardo Coutinho: "filmar é um jeito de viver".[1] E logo mais adiante:

> *Eu só vejo o mundo quando saio com a câmera. Só quando eu estou ali, com a câmera, com aqueles que saem comigo carregando a câmera, é que eu passo a enxergar o mundo. Sem isso, o mundo fica completamente sem interesse para mim.*

Isso depois de dizer ao entrevistador que perguntasse sobre o porquê de fazer documentários ao seu psicanalista – "que, aliás, não tenho...".

---

1 Documentário exibido no canal GNT da Globosat sobre o encontro Documenta, ocorrido no Rio de Janeiro entre 4 e 9 de novembro de 2001.

A vida recortada em cenas, como se o mundo passasse a ser uma grande tela de filmes possíveis. Tudo isso lembra a diferença que existe entre sair para fotografar ou simplesmente sair para passear – como se a lente introduzisse um outro olhar. Ou, em Eduardo Coutinho, fundasse o olhar para o mundo.

Será que um psicanalista escuta o inconsciente no dia a dia de sua vida, em suas relações cotidianas, quando sai para a rua? Ou: que escuta é essa que acontece em seu consultório? Que diferença é essa que se estabelece entre a escuta de seus pacientes em sua poltrona de psicanalista e a escuta num bar de sábado? Qual a especificidade da escuta analítica? Que dispositivo é acessado quando escutamos como psicanalistas?

Katia Lundt, parceira de João Moreira Salles no significativo e polêmico *Notícias de uma guerra particular*,[2] afirma, ainda no mesmo documentário sobre o Documenta de 2001, que, para fazer um documentário, é preciso ter curiosidade pelo mundo, ter uma questão que você quer entender. Buscar o enigmático do mundo e do humano, a pergunta movendo a busca de imagens e sons. Não é isso o que nos move como psicanalistas?

Foi o enigma do que é a escuta psicanalítica que me levou à arte – sempre pensei que na arte poderíamos encontrar indícios para melhor entender como ocorre, em um processo analítico, o trabalho com o mundo dos afetos.

---

2 *Notícias de uma guerra particular.* Direção: João Moreira Salles e Kátia Lundt, 57 minutos, 1999.

Reflexão-bússola

Se o que está em questão no processo psicanalítico é o trabalho com o mundo dos afetos e se o que a arte busca é dar forma para o que não cabe no discursivo, psicanalistas e artistas se encontrariam no contato com formas não lineares de apreensão do mundo. Ou seja, trabalhar com o pulsional é poder trabalhar, por meio da fala, com formas pré-reflexivas de consciência, formas simbólicas não discursivas, para utilizar termos tão caros a Isaías Melsohn, na homenagem que faz a Ernest Cassirer e Susan Langer (Melsohn, 2001). Na arte, trata-se de um processo de construção, a partir do informe. No processo analítico, a escuta desconstrói formas, irrompendo em circuitos estabelecidos para produzir novas articulações entre mundos possíveis. Palavras tornam-se fluxos de rios que jorram afetos inimagináveis.

Nada como lembrar Clarice Lispector: "a minha vida a mais verdadeira é irreconhecível, extremamente interior e não tem uma só palavra que a signifique" (Lispector, 1977/1984, p. 17).

Primeiro tratamento do roteiro: psicanálise e literatura

Na abordagem que caracteriza meu mestrado, transformado no livro *O hiato convexo* (Chnaiderman, 1989), buscando relacionar psicanálise e literatura, sempre houve a busca daquilo que é específico à escuta psicanalítica e que poderia ter a ver com o que se passa na produção literária. Fédida (1991) afirma que "o poeta é sempre aquele que deixa o desenho das coisas recolher-se na escritura das palavras ao sair do sono em que a fala cotidiana da língua as mantém". Na escuta analítica, a fala deveria tornar-se escritura, ou seja,

22 O NASCIMENTO DO CINEMA EM UMA PSICANALISTA

ir na busca do desenho das coisas que está presente nas palavras. Nós, psicanalistas, teríamos que ir em direção à origem da fala, daquilo que torna possível a sua constituição. Escritura aqui não é texto. E muito menos o texto literário. Na minha proposta de uma fala que se torna escritura, estou utilizando o conceito de Derrida, de origem e possibilidade de qualquer linguagem enquanto inscrição.

André Green tem razão quando diferencia entre o texto literário e a fala numa sessão analítica – o texto literário é altamente elaborado, sendo produto não só de uma escrita como de reescritas. O que não ocorre no processo analítico. Green destaca a linearidade do texto: "o texto como uma sucessão de frases que difere do discurso vivo da fala" (Green, 2008, p. 34).

Não haveria também em Green uma priorização da fala em relação à escritura? Outro depoimento de André Green também levaria a pensar no que Jacques Derrida denominou como priorização da *phoné* no processo psicanalítico, partindo da impossibilidade de qualquer retorno do testemunho pela escrita.

Derrida aponta o rebaixamento da escritura na tradição ocidental: a metafísica pensa a escritura como secundária, signo de um signo, ou significante gráfico do significante fônico. O pensamento ocidental pensou a escritura – e isso não vale somente para a escritura fonética, mas também para a alfabética – como remetendo sempre ao significante fônico, do qual ela, supostamente, é somente a transcrição. Na gramatologia, Derrida (1971/1989) mostra como a distinção entre significante e significado tem como fundamento a dicotomia entre o sensível e o inteligível. Em todo o pensamento ocidental triunfa a *phoné*, o inteligível. O espírito. A escritura acentua o risco do desvio pelo sensível, pelo corporal, implicado em todo significante. O fato é que, bem mais do que o significante falado, a escritura parece acentuar o risco do desvio pelo sensível implicado em todo significante.

O trabalho com a literatura vai no sentido de uma apreensão da materialidade do signo (Chnaiderman, 1989). A literatura, ao trabalhar com a letra e com o significante, poderia dar instrumentos para pensar a clínica. Era preciso diferenciar letra e significante – letra tem a ver com o real do corpo, tem a ver com a materialidade de um real para além da linguagem. É um conceito que enraíza o verbal no não verbal.

Buscando sensorializar a escuta, o imagético, enquanto desenho, se impôs. O signo verbal passava a ser poesia concreta, a metáfora brotando da concretude da letra. Imagem do grafismo, desenho da palavra. O único referente possível passa a ser a palavra: por meio da imagem da palavra se explora a palavra. Primeiro desenhamos a palavra e depois escutamos o significante. Uma escuta-olhar ou um olhar-escuta: para escutar o desejo é preciso transformar o discurso em desenho, é preciso ter uma escuta que olha. Transformar a palavra em imagem pode ser resgatar nela as qualidades sensíveis das coisas, pois, como afirma Fédida (1991, p. 40), "as palavras são atividade metafórica das coisas".

Segundo tratamento do roteiro: o cinema

No trabalho com o cinema, passei a transformar o discursivo em imagens. Agora, na narrativa cinematográfica, a invenção de imagens que contam do mundo, um mundo de infinitos potentes. No cinema, diferentemente do que se passa na fala no processo analítico, a narrativa se mostra, não é contada. Transformar em imagens os estados de alma foi o que fui construindo. Em cada roteiro um quebra-cabeças que vai sendo montado, os fios vão se unindo.

Referências

Chnaiderman, M. (1989). *O hiato convexo*. Brasiliense.

Derrida, J. (1989). *Gramatologia*. Perspectiva. (Trabalho original publicado em 1971).

Fédida, P. (1991). Do sonho à linguagem. In P. Fédida, *Nome, figura e memória* (pp. 13-64). Escuta.

Green, A. (2008). O duplo e o ausente. In A. Green, *De locuras privadas* (pp. 346-373). Amorrortu. (Trabalho original publicado em 1972).

Lispector, C. (1984). *A hora da estrela*. Nova Fronteira. (Trabalho original publicado em 1977).

Melsohn, I. (2001). *Psicanálise em nova chave*. Perspectiva.

PARTE I

Dizem que sou louco

1994

1. O acontecimento *Dizem que sou louco*

Encarreguei-me, como diretora, de um primeiro documentário sobre os que são vistos pela cidade como "loucos de rua".[1] Saí com minha equipe, também de psicanalistas,[2] na escuta de uma cidade clandestina, a das moradias invisíveis. Na busca de quem seriam os personagens que a cidade nomeia como sendo o louco de rua, passávamos por uma perambulação sempre reiniciada. A perambulação, o errar pela cidade contemporânea, a experiência do indeterminado, a perda do chão do conhecimento. Devaneios de psicanalistas em errância...

O inusitado deve ser parte de todo trabalho psicanalítico – fazer com que a linguagem surpreenda, é essa nossa tarefa como psicanalistas. O inconsciente sempre está em movimento de fuga. A cidade inusitada, seus personagens inusitados, isso norteou meu

---

1 *Dizem que sou louco*. Direção: Miriam Chnaiderman, 12 minutos, 1994.
2 Chamei para trabalhar comigo o grupo Estação Cooperativa de Acompanhamento Terapêutico. Participaram do documentário: Deborah Sereno, Eliane Berger, Leonel Braga Neto, Marta Okamoto, Maurício Porto e Regina Hallack.

28   O ACONTECIMENTO *DIZEM QUE SOU LOUCO*

trabalho. Inusitado no sentido de um olhar que escuta ou de uma escuta que olha.

Descobrir que o olhar constrói inserções no simbólico: nosso olhar/escuta permitia o aparecimento de uma linguagem que já estava lá, silenciosa. Em uma roupa estranha, em um turbante que prende a cabeça, em uma roupa construída de jornal, é o olhar que permite a inserção no simbólico, em alguma linguagem. Sem esse olhar, algo da ordem do duplo se anteporia ao olho. O terror instalado. Fomos psicanalistas no dar voz a figuras silenciosas. E psicanalistas na busca do quê, estando escondido, invisível, determina nossa experiência cotidiana.

O fazer cinema, a maquinaria do cinema permitiu esse olhar que se antepõe ao olho. Sair com todo o equipamento para buscar os personagens e, na busca do encontro, forjar novos encontros.

Em nossa experiência pelas ruas, a escuta se deu em meio a buzinas, burburinho, fuligem. Lutamos por uma escuta e pela possibilidade da fala. A transferência se instalava assim que mostrávamos que queríamos escutar. Sentíamo-nos responsáveis pelo que desencadeávamos em nossa escuta.

Dessa experiência surgiu a proposta de equipes itinerantes, inseridas no barulho da cidade e que pudessem trabalhar pelas ruas afora. Uma escuta possível em meio a um real ensurdecedor. Poder ouvir apesar dos ruídos. Afinal, em nossos consultórios, não são os ruídos do manifesto que nos impedem a escuta do inconsciente?[3]

---

3   Os consultórios de rua passaram a acontecer no Governo Lula. Antônio Lancetti foi seu grande idealizador.

Imagens, imagens, imagens

Depois, na montagem, poder transmitir esse olhar, que foi forjado por uma cidade inatingível. Uma cidade que se antepõe à visão cotidiana.

Na montagem, dirigi um filme feito em condições muito precárias – dado o baixíssimo orçamento, usei o material caseiro da pesquisa. Transformou-se em cinema o vídeo de nossas saídas em que brincávamos de fazer reportagens para a televisão para amortecer nosso medo. Fui para a ilha de edição sem a equipe com que havia saído pelas ruas. Tinha, então, a responsabilidade de transmitir a cidade louca que havíamos conhecido. A responsabilidade de mostrar, por meio da imagem, tudo que havíamos discutido e o que tínhamos vivido. Foi então que fiz presente minha escuta de imagens. Na direção da montagem, experimentei-me psicanalista. Agora, imagem puxava imagem no labirinto da loucura de nossos personagens e/ou de uma cidade enlouquecida. E nossa, e minha. Quem enlouquecia?

A deambulação de nossos personagens, a cidade deles, isso me norteou no processo de montagem. As imagens deambulam, como nossos personagens. Sem me fixar em nenhum, nem nenhuma. As falas e as imagens são desencontradas. O tema da loucura instala-se inicialmente com a música de Wilson Batista:

Louco... pelas ruas ele andava;

e o coitado chorava;

transformou-se até num vagabundo...

Louco... para ele a vida não valia nada...

30   O ACONTECIMENTO *DIZEM QUE SOU LOUCO*

As imagens iniciais são do complexo viário Minhocão, onde um mendigo anônimo recolhe lixo. Depois o Menininho Meninão, com a voz de um locutor de rádio contando de uma cidade no interior da Bahia onde recolheram os loucos e mandaram para a capital. E assim vai o filme, no desencontro entre a imagem e a fala, entre rostos que se sucedem, em estrutura musical rodopiante. A fecundidade da cidade na fala que percorre as copas das árvores – a diferença entre a madeira viva ou morta, a mulher com a criança e a mulher sem a criança – é Schubert no *Winterreise* que encerra essa sequência. O Anjo Miguel que se diz culpado de o goleiro Taffarel não ter conseguido que o inimigo não fizesse o gol na Copa do Mundo. "Vou me afundar na lingerie de seda...", canta Arnaldo Batista, no contraste entre a intimidade e a vida nas ruas. "São Paulo tem a capacidade de abrigar uma pessoa assim..."

Na sucessão ininterrupta dos personagens, o inumano do rosto – o desenho das coisas da cidade vai se instalando, as figuras tornam-se paisagens. Só a fala do sonho tem acesso ao essencial do rosto que é anulado pela visão.

Na montagem, o engendramento do acontecimento – rosto que dá rosto às imagens. Na visualidade buscada, a visão se anula e surge o olhar. Nas linhas horizontais e verticais do mundo, S. Arlindo viu forças espirituais e forças sugestivas do mal. Tornar visíveis forças que não o são, penetrar no mundo de sensações dos odores táteis de uma São Paulo que urra e chora. Metalicamente.

2. Escrituras urbanas[1]

São Paulo

Começo com dois poemas de Blaise Cendrars.[2]

São Paulo
Adoro esta cidade
. . .
Nada aqui de tradição
Nenhum preconceito
Antigo ou moderno
. . .

---

1 Este texto foi publicado pela primeira vez em *Leituras da psicanálise: estéticas da exclusão*, organizado por Mário Eduardo Costa Pereira, Campinas, Mercado das Letras.

2 Ambos os poemas foram publicados no Caderno "Mais" do jornal *Folha de S.Paulo* do dia 3 de agosto de 1997. Trad. de Nelson Ascher.

32 ESCRITURAS URBANAS

Todos os países

Todos os povos

Gosto disso

As duas ou três mansões portuguesas que restam, têm
azulejos azuis

Buzinas elétricas

...

A alegria de viver e de ganhar dinheiro se expressa pela
voz das buzinas e pelos estalos dos canos de escapa-
mento abertos

Expedições bandeirantes, expandindo as fronteiras do império português, na busca de São Paulo, dão uma impressão de força
que se expressa na convicção dos paulistanos de que nada importante se passa no Brasil fora de São Paulo. De São Paulo partiram
as expedições bandeirantes, expandindo as fronteiras do império
português, na busca do ouro, diamantes e indígenas escravizados.
Em São Paulo foi proclamada a independência do Brasil, em 1822.
São Paulo foi o primeiro centro industrial e comercial de toda a
América Latina. Laplantine, em *Um olhar francês sobre São Paulo*
(com ensaios de Claude Olivenstein também), recorda Blaise Cendrars, que, muito antes, apaixonara-se por São Paulo: "a civilização
e a barbárie não contrastam, mas se misturam, se conjugam, se
desposam de uma maneira ativa e perturbadora" (Olivenstein &
Laplantine, 1993, p. 17).

A cidade de São Paulo moldou-se à imagem da audácia e da
rapidez dos homens de negócio paulistanos. É uma cidade que
não tem história, tudo é facilmente destruído, dando lugar a Mc-
Donald's enormes. São Paulo é descentralizada em toda parte. Em

São Paulo foi interpretado o primeiro futurismo italiano (Cannevacci, 1993), refutando suas tendências racistas. Só com os futuristas foi feita a apologia desenfreada da cidade. Massimo Cannevacci (1993) relata que o que mais chamou sua atenção em São Paulo foi o ritmo, ou melhor, a multiplicidade de ritmos que atravessam como correntes não só os espaços urbanos, mas também os espaços psicológicos das pessoas. Nessa cidade os estilos se misturam, num imbricado de signos e congestionamento de tráfegos. Tudo parece ser estilisticamente permitido e pode coexistir lado a lado.

Parece que uma cidade como São Paulo instiga e confirma a pesquisa de Michel de Certeau (1996) de que o cotidiano se inventa com mil maneiras de caça não autorizada. Michel de Certeau (1996) quer detectar uma poética escondida, presente em regiões definidas e ocupadas pelos sistemas da produção (televisiva, urbanística, comercial etc.). A extensão sempre mais totalitária desses sistemas não deixa um lugar onde seja possível marcar o que fazem com os produtos. Certeau quer buscar as maneiras de empregar os produtos impostos por uma ordem econômica, ver o que o consumidor cultural fabrica em relação ao uso do espaço urbano, dos produtos comprados no supermercado ou dos relatos e legendas que o jornal distribui. Busca a construção de frases próprias com um vocabulário e uma sintaxe recebidos. O que está em jogo é uma apropriação ou uma reapropriação da língua por locutores. Propõe uma inversão figura-fundo na leitura que Foucault fez das estruturas de poder, ou seja, quer buscar onde uma sociedade não se reduz à rede de "vigilância", ver quais procedimentos populares, muitas vezes minúsculos e cotidianos, jogam com os mecanismos da disciplina, fazendo acontecer alterações inusitadas. Há mil "maneiras de fazer" que constituem as mil práticas pelas quais os usuários se reapropriam do espaço organizado pelas técnicas da produção sociocultural.

Pesquisa na rua

Miguel (em plena Av. São João, em frente ao Minhocão):
Acham que eu não tenho juízo, porque eu sou o pagador
de promessa, eles me verem eu diferente de todo mundo.
A força negativa, principalmente. Me vê eu diferente de
todo mundo, então eles acham muito que eu não tenho
juízo, que eu sou louco. Então eu falo mesmo pra eles,
não, eu não sou mais louco não, eu já fiquei pra lá de
louco, eu já passei pela academia de louco, eu já fui-
-me embora, deixei os loucos pra trás... *mas tem uma*
coisa: eu não abandono ninguém. Isso... é a bondade
que Deus me permite de ser um homem de Deus, um
homem do santo Deus, e de toda Sua Santa Proteção,
mas nunca abandono ninguém. Em lugar nenhum.
Digo pra eles. Não me desfaço de ninguém que me cha-
me de louco, que me chame de maluco, que me chame
de cachaceiro, que me chama de bêbado, que me cha-
mam de drogrado [sic]. Não, não, não, nunca desfiz de
ninguém.

A partir da pesquisa para realização do curta-metragem *Dizem*
que sou louco, detive-me nas práticas alternativas no uso do espaço urbano, da rua. Quem é o chamado "louco de rua"? Sabemos,
inclusive por Foucault, que o confinamento asilar dos loucos, historicamente recente, desfaz uma vizinhança antiga entre a cidade
e o desatino.

O "louco de rua" é a memória viva dessa época já revogada em
que a loucura tinha direito de cidade e em que, a partir mesmo de
sua estranheza, mantinha um comércio simbólico rico com a cultura vigente.

O chamado "louco de rua" encarna tudo aquilo com que a nossa sociedade não quis conviver de perto e que ela excluiu de vez: uma outra lógica, um outro desejo, uma outra palavra, um outro olhar. E, principalmente, uma outra cidade. O capitalismo e sua assepsia moral, o cientificismo e sua psicologia, o esquadrinhamento urbano, tudo isso torna ainda mais espantosa a sobrevivência social do "louco de rua". Ele fica depositário de tudo o que os urbanos, no regime moral e social vigente, não podem assumir como próprios.

Penso que esses personagens, heroicamente, explicitam o que Certeau aponta como marginalidade de massa; atividade cultural dos não produtores de cultura, uma atividade não assinada, não legível, mas simbolizada. Certeau afirma que essa marginalidade se tornou maioria silenciosa. Mas, quando oferecemos a escuta, os nossos personagens que são vestidos de modos singulares, eles falam, e falam, e falam.

Dona Geralda:

Porque quando era mato era melhor, agora não presta mais, não... porque têm uns que é bom, têm uns que não prestam.

Tem de tudo no mundo.

Eu morava no sítio do Jardim Leblon. Eles estragaram todo o sítio do Jardim Leblon, a chácara do japonês que tinha lá. E ainda morreu gente lá. E depois... depois a gente saiu de lá.

Aí o pai dos filhos meus começou a me internar nos casarões, aí eu ia nas assembléas na Vila Mariana. Conhece a Vila Mariana?

É ele que me internava lá;

*Internava lá, depois, depois eu sei que eu não sei como
eu fui parar lá, muitas vezes. Muita droga, né?*

*Depois que os meus filhos sumiram, antes disso, os fi-
lhos eram... quer ver, mais dois... sumiram.*

. . .

*As casas do Jardim Primavera não tem mais. A cidade
demoliu.*

Lá era um bairro grande, o Jardim Primavera.

*O Jardim Leblon, a cidade. Mas acho que muito no fin-
zinho . . . no Jardim Leblon, tinha a chácara do japonês, e ainda ficou muita casa lá; ficou... Bonsucesso. Aí
eles plantavam tudo, tudo vindo plantavam lá. E esse
foi o de Jundiaí também. Eu sei te dizer que foi um estrago, vou te contar.*

*Estrago em tudo. Chegaram estragando, eu fiquei es-
condida no mato, olhando.*

*Eles criam cobras também, aquelas cobras fogo, umas
cobras espinhudas. Tem umas que são mansa, outras...
tem de pegar e correr, senão ela morde a gente, gruda
na gente, não é fácil não! Cobra fogo.*

. . .

*É. Acreditei que tinha corrido muitos anos do mundo,
depois que apareceu a raça de gente, a gente andava
corrido no mundo.*

A gente não para.

. . .

Àquele tempo era sítio, esses lugares, não tinha cidade.

Osasco... Tudo era sítio. Muito lugar hoje em dia é cidade, mas não era cidade. Não existia muita gente no mundo, nada... Depois que começou a aumentar gente, aí fez cidade. No tempo que eu conheci a Terra, não existia o que vocês tão vendo, não! Tudo era matagal, só tinha aquele sítio.

...

Tem matagal que não tem gente, né? De repente aparece aquela gentarada, aquela cidadona de repente, nos dois dias...

Eu fico besta de vê! Uma casa... demora para fazer. Um quarto, e aquele casarão tudo terminado. Casa. Tudo terminado, por dentro por fora. Como que as pessoas vão fazer uma coisa dessas, né? A gente fica besta de vê. Tão rápido? É, de repente entra um monte de gente, de repente eles somem com a cidade, e passa de novo. É assim.

...

Tem casa que eles fazem, mas cai. Cai. Se dá um pé de vento, vou te contar...

Para Dona Geralda – é esse o seu nome – o mundo ainda tem horizontes. Sentada na praça no final da Avenida Paulista, em meio aos arcos artificialmente coloridos, parece ouvir o barulho de um riacho. A frondosa árvore faz sombra. O clima é de interior, final de tarde.

Dona Geralda ainda vive suas paisagens. Sua fala é nostálgica de uma outra cidade, a cidade onde era possível plantar. Expressa sua dor transformando o chiado cinzento dos metais em passarinhos cantadores de amores passados.

38   ESCRITURAS URBANAS

Nelson Brissac Peixoto (1996) mostra como as cidades são as paisagens contemporâneas: "o cruzamento entre diferentes espaços e tempos" (p. 10), entre diversos suportes e tipos de imagem. Mas, conclui, hoje "a paisagem é um muro" (p. 10). Tudo passa a ser textura. Para Nelson Brissac, o tecido urbano é desprovido de rosto e história. A geografia é uma abstração da paisagem; Nelson Brissac quer retornar da geografia à paisagem. Como faz Dona Geralda. Queremos, através dessas paisagens, redescobrir a cidade.

Fernando Pessoa, no seu *Livro do desassossego*, fala-nos da paisagem como um estado de alma. Nelson da Silva Junior (2019), em seu belíssimo trabalho *Fernando Pessoa e Freud, diálogos inquietantes*, no item "A primazia do exterior" (p. 72), relata-nos a discussão entre interioridade e exterioridade. Fernando Pessoa, na sua poesia, transformou o estado de alma em paisagem, tornou difusos os limites entre exterior e interior. Nossas cidades falam de turbulentos estados de alma que se tranquilizam no burburinho da cidade. O barulho da angústia interna expressa em fuligem e barulhos metálicos.

Nós, transeuntes cotidianos, perdemos a cidade como paisagem. E as cidades contemporâneas vão se tornando opacas enquanto paisagem, a alma se torna estatística pura. Mas em nossos personagens, os ditos "loucos de rua", a paisagem permanece. Dona Geralda transforma a barulhenta avenida em sua roça onde plantava mandioca.

Em vez da tecnologia totalizante, as figuras ambulatórias introduzem percursos com estrutura de mito. São árvores de gestos (expressão de Rilke, citado por Certeau, 2006, p. 182) em movimento.

Certeau diferencia entre "táticas e estratégias". Define estratégia como "o cálculo das relações de forças" quando um sujeito se recorta em seu ambiente" (p. 46). O lugar tem um próprio que define suas relações "com uma exterioridade distinta" (p. 46). Na tática não há um próprio, não há "uma fronteira que distingue o outro como totalidade distinta" (p. 46). "O próprio é uma vitória do lugar sobre o tempo. Pelo fato de seu não lugar, a tática depende do tempo, vigiando para captar no voo possibilidades de ganho. E o que ela ganha, não guarda" (p. 47).

Sofia, a pintora:

Quando alguém rouba alguém a culpa não é de quem rouba, mas é de quem tem. Quem mandou ter...

Para Certeau, muitas práticas cotidianas (falar, ler, circular, fazer compras etc.) são do tipo tático. Para ele, as táticas têm a ver com saberes muito antigos. Remontam a imemoriais inteligências com as astúcias e simulações de plantas e de peixes. Do fundo dos oceanos até as ruas da megalópole...

Dona Geralda:

Tem um bicho espinhudo assim... vocês pensam que é manso, não é manso, nada! Eles correm atrás da gente que nem um bicho espinhudo e é gordo, com todo aquele espinho assim.

As táticas esfarelam as estabilidades locais, não estão mais fixadas em uma comunidade circunscrita. Tornam-se errantes.

O lugar-nenhum

No início de seu livro *Não-lugares*, Marc Auget (1994) conta a história de um personagem que nomeia como Pierre Dupont, no momento em que vai embarcar em um voo internacional – passa por

40 ESCRITURAS URBANAS

caixas eletrônicos que conversam com ele, utiliza o tempo todo seus cartões de crédito etc. É tudo virtual. Seu olhar passeia por revistas com carros aerodinâmicos, vê fotos de grandes hotéis de uma cadeia internacional. E se vê em todos esses lugares....

Auget (1994) mostra que vivemos em um mundo no qual ainda não aprendemos a olhar. Vai mostrando como na etnologia ainda ocorre um discurso que é geralmente espacial – as origens do grupo são, muitas vezes, diversas, mas é a identidade do lugar que o funda, congrega e une. O etnólogo fica tentando identificar aqueles que estuda com a paisagem onde os descobre. O objeto do etnólogo tem sido as sociedades precisamente localizadas no espaço e no tempo e, por trás das ideias de totalidade e de sociedade localizada, há aquela de uma transparência entre cultura, sociedade e indivíduo.

Conclui Auget que o que é denominado como supermodernidade é produtora de não lugares, isto é, de espaços que não são, em si, lugares antropológicos, e que, contrariamente à modernidade baudelairiana, não integram os lugares antigos.

Os não lugares passam a ser a medida da época.

S. Arlindo:

Realmente eu sou do Rio, não sou daqui não. Meu pessoal é todo de lá.

É por causa dessa contingência... porque lá a gente é conhecido, aí aparece um problema desse que não deixa você trabalhar... você procura outro lugar...

São problemas espirituais que acontecem... Eu fiquei numa compulsória e tive que obedecer, né?

O problema é puramente espiritual.

E como não dá pra tá fazendo um serviço, fica ocioso, fica parado...

São vozes que aparecem e tomam a mente... e manipulam, né?

Esse problema tem em mim há 33 anos.

No início eu resisti bem, na repartição...

Isso é uma conversa pouco social, é mais perdedor...

Existe a horizontal. Então nessa a gente explica, a gente justifica, a gente comprova, né. Mas existem as outras, verticais, que são as forças sugestivas. Então elas funcionam na nossa mente sem às vezes a gente nem estar percebendo. E quando é casos assim como é o meu, aí então a gente sabe que existe essas coisas...

Mas aí é mesmo questão é de fé. Aí já não é mais de questão formal, de prova, com prova real, né. Questão aí já é do abstrato para cima, né?

Então justamente essas coisas que atuam na nossa mente, e ela rege as outras. Então a gente fica numa espécie de compulsória. E é conforme eu estou.

... Eu também quando estou exausto demais, às vezes eu também durmo. Eles mesmo põem para dormir, eles acordam. Todas as minhas ações estão debaixo desse pessoal.

Michel de Certeau (2006) relata uma pesquisa feita a partir das descrições de apartamentos de Nova Iorque por seus ocupantes. Os pesquisadores reconhecem dois tipos distintos: uma descrição que designam como "mapa" e outra como "percurso". O primeiro segue o modelo: "Ao lado da cozinha fica o quarto

42 ESCRITURAS URBANAS

das meninas". O segundo: "Você dobra à direita e entra na sala de estar" (Certeau, 2006, p. 205). Concluem que somente 3% dos descritores pertencem ao tipo "mapa". Quase a totalidade pertence ao tipo "percurso". Para Michel de Certeau (2006), a questão toca, na base dessas narrações cotidianas, "a relação entre o itinerário (uma série discursiva de operações) e o mapa (uma descrição redutora totalizante das observações), isto é, entre duas linguagens simbólicas e antropológicas do espaço" (pp. 204-205). A combinação dos percursos e dos mapas nos relatos cotidianos mostra como são imbricados e, depois, lentamente dissociados nas representações literárias e científicas.

Miguel, "anjo da guarda":

Daqui pra lá vai ser um tipo de face. Eu vou simples. Agora de lá pra cá, eu vou vir, simplesmente também, agora eu vou fazer uma curva curta e vou voltar vibrando uma oração.

Quando eu voltar vibrando uma oração, você vai encontrar diferença. Preste atenção na minha face, no meu jeito de ser. Aí você vai ver diferença. Mesmo pelos degraus, você vai ver diferença.

Notou eu diferente?

. . . Força é uma coisa. Poder é outra. Mas eu faço a imagem de andamento, ligado aos cinco dedos das mãos. Cada dedo faz uma comunicação. Um mandamento do poder, outro da força.

Sobre a energia. . . . Eu estava no azul, naquele dia lá, eu tava no azul, e hoje, eu estou no cinza. O cinza para o azul tem uma grande diferença. Sobre a minha resistência, em primeiro lugar.

Com essa capacidade, eu vibro uma oração, não tem quem me destrua jamais! Sobre Deus, sobre o Divino Espírito Santo, sobre todos os anjos de guarda, meu comportamento e vibração, eu vibro uma oração, com este comportamento que eu estou, jamais haverá uma força que possa me destruir! Não tem. Só se Deus permitir ou o Divino Espírito Santo. Mas a regência do meu anjo de guarda, ele me dá o poder com a prece de poder, aí eu multiplico, e vou multiplicando, e vou atravessando todos os tipos de sacrifício. Sobre as dores, passamentos, sobre qualquer tipo de passadas, sobre inflamações.

Marc Auget (1994) compara sua distinção entre lugares e não lugares à oposição do lugar ao espaço de Michel de Certeau (2006). O espaço, para Certeau, é um lugar praticado, um cruzamento de forças motrizes: são os passantes que transformam em espaço a rua, geometricamente definida pelo urbanismo como lugar.

Miguel:

... não pode parar aqui, não pode parar ali. Aí às vezes eu quero chegar em uma casa, na porta de uma casa tem alguém que está precisando de uma ajuda, aí eu conheço, está precisando de ajuda. Então aquele alguém que está precisando de minha ajuda pode ser uma pessoa de meu passado, pode ser uma pessoa amiga, né? Pode ser uma pessoa de minha família. Às vezes estou na casa de meu trabalho. Estou na casa do jogo, realmente casas de jogo é lugar realmente pesado. Então dentro da casa do jogo é difícil eu ficar sem fazer uma oração porque normalmente eu enfrento uns figuras que não são desse mundo dentro, da casa do jogo.

> *Eu encontro figuras que não são desse mundo. Então...*
> *ali, o meu anjo da guarda pede muita oração e eu te-*
> *nho que rezar bastante pra correr tudo bem, né? Pra*
> *correr tudo bem e pra que não aconteça nada de mal-*
> *dade com ninguém. Então ali eu viro o poder do Divino*
> *Espírito Santo, e tenho também outros poderes, além*
> *do Divino Espírito Santo, também.*

> *Para quem conhece assim, quando eu vou para a ora-*
> *ção assim, por qualquer caminho assim, porque às ve-*
> *zes eu consigo caminhar... porque qualquer caminho eu*
> *tenho que caminhar... vamos supor, eu tenho que des-*
> *cer, escada assim, como eu desci agora, com uma ora-*
> *ção. Tenho que subir também, muitos degraus. Tenho*
> *que subir morro também, tenho que fazer travessias,*
> *cruzamentos. Às vezes quando eu vou para a oração,*
> *que eu percebo que tem alguma coisa negativa, meu*
> *anjo da guarda me chama de volta, né?*

> *Agora sempre tive muita paciência com eles. Primeiro*
> *lugar... que às vezes eu tava assim, despreocupado, que-*
> *ria andar assim num lugar assim sem preocupação ne-*
> *nhuma, como um pagador de promessas simplesmente.*
> *Aí de repente, eu tava andando, queria andar na altura*
> *de todo mundo, mas eu não tinha esse poder.*

Citando Certeau (2006):

> *O espaço seria para o lugar o que se torna a palavra*
> *quando é falada, isto é, quando é apreendida na ambi-*
> *guidade de uma efetivação, transformada num termo*
> *dependente de múltiplas convenções, colocado como*
> *o ato de um presente (ou de um tempo) e modificado*

pelas transformações devidas a mudanças sucessivas.
(p. 202)

Sofia, a pintora:
É coisa da época, tô avançada, tô avançada...

Oh rua Guararás que te tenhas
acolhedora de braços abertos para quem aqui passar
os nordestinos por aqui te embrenhas
indo e voltando para ir trabalhar

Na Guarará a aurora desponta faceira
e sol sorrindo vem nos visitar
não me mande trabalhar a vida inteira
eu vivo na ociosidade
quero descansar

Rua Guarará de estatura mediana
para não dizer nem curta nem comprida
Aqui passa cada garota bacana
que eu gostaria de vê-la despida

Aqui pratico muita caridade
Acho que mereço a execução do hino nacional
Na Guarará tem uma turma que só tem maldade
Só quer me enfiar o pau

São afinados com a ganância estes mal educados
Acham desaforo eu tratar das pombinhas

...

O sol e a sombra fazem uma renda na rua
Oh Guarará nessa manhã radiosa
Temos médicos e dentistas à margem sua
E o advogado Antônio Roberto Barbosa

Este coração magoado fica ressentido

...

Aqui é o caminho da vanguarda

...

Essa gente retrógrada não me deixa em paz.

Na Guarará há uma frondosa árvore amiga
Dando sombra aos caminheiros
Um seresteiro me dedica uma cantiga
Até mesmo sem saber meu nome.

O fato é que todos esses estudos sobre a hipermodernidade ou sobre o contemporâneo nos fazem ver os anjos-Miguel como heróis transgressores na busca de um lugar que, tornando-se espaço, marque um tempo do calendário em oposição ao tempo homogêneo. Busca utópica de um lugar mítico.

Artêmis

A experiência que determinou o início do trabalho foi marcante: estava andando pela rua quando pensei que, afinal, estava fazendo um filme sobre a rua e queria encontrar os tais "dizem que sou louco". Operou-se uma transformação em meu olhar sobre a cidade, como se acontecesse uma virada no botão do rádio ou da televisão, uma mudança no canal, no registro. Passei a enxergar o que antes não me era possível sequer vislumbrar.

Imediatamente a rua se povoou de personagens, o anonimato de passantes nas calçadas foi desfeito. O início da pesquisa foi marcado pelo momento em que vi uma estranha figura com um bastão e fiquei sem saber como me aproximar. Veio o medo, eu estava impregnada de um agir estabelecido. Pedi ajuda ao fruteiro da esquina, que agiu com a maior naturalidade. Nunca me vira tão confrontada com a minha cômoda posição de psicanalista dentro do consultório. Em um outro momento, impensadamente, fui atravessando a rua ao me defrontar com um velhinho que fazia uma esdrúxula coreografia pela calçada. Era perto do mesmo fruteiro e, ainda bem, pude me dar conta de meu movimento e pedir socorro para chegar perto do ágil dançarino.

Através do relato dos que trabalham na rua, fomos escutando estórias: o homem com chupeta que todo dia vai ao banco atrás do seu dinheirinho, o leitor que fica perto dos jardins, o pintor em frente ao Centro Cultural, a mulher que mora no cano do esgoto que vai dar no rio Pinheiros.

Todos que trabalharam comigo falaram em uma mudança de olhar. Como é que antes não podíamos enxergar?

Em texto que publiquei junto com Regina Hallack no livro *Na sombra das cidades* (Chnaiderman & Hallack, 1995), já colocava

48　ESCRITURAS URBANAS

que o que dava o caráter de sagrado ou mítico a essas personagens era algo que passava pela questão do olhar. Baseava-me em Vernant (1991), no livro *A morte nos olhos*, no qual relata que Artêmis é a deusa dos confins, das zonas limítrofes, das fronteiras onde a alteridade se manifesta no contato que, com ela, temos permanentemente. Artêmis é fronteira entre o selvagem e o civilizado, permeáveis e ao mesmo tempo distintos, sendo através dela que os homens conseguem domar sua selvageria. O mundo de Artêmis não é fechado em si mesmo, fechado em sua alteridade. Ele se abre, diferenciado. Coloca em causa o limite entre a ordem civilizada e um domínio de caos, de pura violência. É a divindade das margens.

Artêmis e Dionísio são deuses vindos de fora, são estrangeiros. Quando Artêmis estrangeira se faz grega, ela passa a traduzir a capacidade que a cultura tem de integrar nela o que lhe é estrangeiro, de assimilar o outro sem animalizar-se. O Mesmo se define na multiplicidade dos outros. No Mesmo não há pensamento possível.

O olhar de quem vive nas bordas. Aquele que tudo pode ver, pois que está em todas as bordas. O sagrado desse olhar.

Vernant (1991) relata que, se o olhar de um mortal cruzar com o olhar de Górgona, seu olhar ficará preso à máscara de Górgona. Górgona é o radicalmente outro especular, que é uma imagem em espelho que, em lugar de remeter à aparência, funde-se a quem nela se mira, levando-o a tornar-se pedra. Górgona é o olho que é a negação do olhar.

A cidade pulsional

A pulsão permite o devir entre pedra e afeto. Wallace Stevens e Miguel, habitante das ruas de São Paulo, transformam-se em pedras para lidar com seus afetos:

> *Miguel:*
>
> *Se passa alguém e dá risada de mim, fica me "gozando", eu faço assim, eu saio de mim, me transformo naquela pedra, e depois que o cara passa, eu volto pra mim, e aí sou eu que dou risada dele.*

Agora, Wallace Stevens, em "Le monocle de mon oncle":

> *Como o choque de dois verbos mortais.*
>
> *Era dela que eu ria triunfante-*
>
> *Mente ou era de mim mesmo que eu ria?*
>
> *Antes eu fosse uma pedra pensante.*
>
> *Espumas do pensar trazem à tona a*
>
> *Radiante bolha que ela se foi. . . .*[3]

Nos primeiros textos que publiquei, buscando uma reflexão sobre os personagens da rua, pensava que era porque viam sem ser vistos que, sendo depositários da história e estórias da cidade, podiam persistir pelos séculos afora – sempre amarrando à cabeça seus panos para segurar o pensamento, sempre produzindo um percurso, marcando um espaço-lugar. Cercados por pombas e cachorros, com um bastão, solitários. Como as imagens que

---

3 Tradução de Augusto de Campos, Caderno Mais do jornal *Folha de S.Paulo* de 3 de agosto de 1997.

encontramos dos loucos das cidades de Idade Média. Desde sempre é o nomadismo que instaura a casa.

Hoje penso que essas figuras procuram o olhar, precisam ser olhadas. Porque olham. Um olhar que as tire do lugar do duplo, do lugar de Górgona, da loucura.

Em uma roupa estranha, em um turbante que prende a cabeça, em uma roupa construída de jornal, é o olhar que permite a inserção no simbólico, em alguma linguagem. Sem esse olhar, algo da ordem do duplo se anteporia ao olho. O terror se instalaria. No olhar cria-se uma distância. No duplo não, ele se instala dentro do olho sem intermediação.

Essas figuras, em seus percursos, nos levam a repensar a cidade.

Auget (1994), discutindo o quanto a espacialidade aprisiona o pensamento contemporâneo, pensa que se pode imputar esse efeito mágico da construção espacial ao fato de que o próprio corpo humano é concebido como uma porção de espaço. Temos muitos exemplos de territórios pensados à imagem do corpo humano. E o corpo humano é bem frequentemente pensado como um território.

Certeau (2006) afirma como os pequenos gestos cotidianos politizam a existência. Acrescento: politizam porque erotizam. E o erógeno desespacializa, rompe com a anatomia.

Os percursos são zonas erógenas, fendas cavadas em que todos nós buscamos nos apropriar criando códigos singulares. A partir daquilo que nos olha.

Ver é diferente de olhar. Há uma diferença entre olhar, visão e fascinação.

Existem dois sentidos para olhar: o ato perceptivo de fitar e o olhar enquanto satisfação do ato – satisfação que está implícita no ato de olhar. É ação pulsional, o olhar como objeto da pulsão. É no campo global da visão, formado de imagens, que emerge o olhar. Quem vê é o eu. Entre o eu e o mundo, estende-se uma única dimensão. O eu está na imagem que percebe.

O olhar é um ato provocado por uma imagem que vem da coisa até nós, sem que essa imagem seja a imagem desta ou daquela coisa visível. É um clarão, imagem deslumbrante, confusa. O olhar sempre surpreende o eu. Algo de inconsciente se põe em andamento. Esse olhar inconsciente é um ato pulsional. Desestabiliza o eu. Ficamos fascinados por esse brilho, essa centelha de um lá fora que nos olha.

Assim, a cidade passa a poder ser lida pulsionalmente: permanentes quiasmas de olhares cruzados.

Referências

Auget, M. (1994). *Não-lugares*. Papirus.

Cannevacci, M. (1993). *A cidade polifônica*. Studio Nobel.

Certeau, M. (1996). *Artes de fazer, a invenção do cotidiano* (2a ed.). Vozes.

Certeau, M. (2006). A invenção do cotidiano (2a ed.). Vozes.

Chnaiderman, M., & Hallack, R. (1995). Estranhas urbanidades. In M. C. R. Magalhães (Org.), *Na sombra das cidades* (pp. 33-43). Escuta.

Junior, N. S. (2019). *Fernando Pessoa e Freud: diálogos inquietantes*. Blucher.

Olivenstein, O., & Laplantine, F. (1993). *Um olhar francês sobre São Paulo*. Brasiliense.

Peixoto, N. B. (1996). *Paisagens urbanas*. Fapesp.

Pessoa, F. (1982). *Livro do desassossego*. Ática.

Vernant, J. P. (1991). *A morte nos olhos* (2a ed.). Jorge Zahar.

3. Texto/manifesto

Em 2004 ocorreram atrozes assassinatos de homens em situação de rua. O portal do jornal *O Estado de S.Paulo* solicitou-me que escrevesse alguma coisa. Hoje, dezenove anos passados, considerei o texto ainda válido. As violências com esses homens continuam acontecendo.

É preciso levar em conta o aumento estrondoso da população em situação de rua, dado o imenso empobrecimento que assolou no Brasil nos últimos anos. Hoje talvez não pudéssemos saber exatamente quem são os loucos de rua. Mas, é fato inegável, a violência continua.

Tormentas d'alma por noites paulistanas

É noite, está frio. Pelas calçadas do centro, em pequenos grupos, em cantos ou em bancos de praça, pessoas em situação de rua tentam cobrir-se com jornais ou cobertores surrados, em meio aos sacos de plástico onde carregam seus pertences. São discretas,

54 TEXTO/MANIFESTO

quietas. Em alguns lugares é possível ver como cada um organiza seu território; muitas vezes é como se cada um fosse dono de uma pequena casinha, seu cantinho na calçada onde busca se aconchegar. E, entre si, respeitam-se em suas necessidades e histórias. Há regras bastante rígidas de convivência, pois precisam garantir seu lugar numa cidade dura como São Paulo. Não é raro que se esmurrem e se machuquem entre si, pois evitam qualquer agressividade que se dirija à cidade oficial que os circunda. Quando nos aproximamos de pessoas em situação de rua, ficamos sabendo de suas histórias, da vinda para São Paulo na busca de uma vida melhor. São pessoas que buscam trabalho, muitas vezes até fazem "bicos", às vezes até têm emprego. A bebida, o álcool vêm da impossibilidade de realizar o sonho e, às vezes, de não terem o mínimo para comer. A pinga anestesia a fome. Claro que há os que vão para a rua em função da bebida, e justificam a vida que levam a partir de desilusões amorosas – são comuns histórias de grandes paixões e a busca da cachaça. O filme de Evaldo Mocarzel, o premiado *À margem da imagem* (2004), tanto o longa como o curta (há as duas versões), mostra tudo isso exemplarmente.

Vivemos algo terrorífico: em meio à noite gélida, vândalos aproveitaram-se do desamparo total em que se encontram as pessoas em situação de rua e as trataram como animais selvagens. Ocorreram mortes e feridos graves. O que move alguém a tamanha crueldade? Abusar do desamparo, da situação de impossibilidade de revide e agredir brutalmente, chegando mesmo a matar? O ódio em estado bruto. Muitos estudos sobre campos de extermínio hoje em dia nos mostram que o que resta para alguém de quem já tiraram tudo é a identificação com a espécie humana. Parece que nem isso querem deixar para aqueles que, desprovidos de tudo e de todos, estão nas ruas. O fato de que sejam pessoas parece incomodar.

É de 1994 meu filme *Dizem que sou louco*. Para realizá-lo, eu e minha equipe vagamos pelas ruas de São Paulo querendo saber quem seria aquele que a cidade nomeia como o "louco de rua". Éramos um grupo de psicanalistas e sabíamos muito pouco de como estar na rua nessa nova posição, de pesquisadores e documentaristas. Tivemos que inventar formas para nos achegar àqueles que estão na rua e não sabíamos se poderíamos estabelecer qualquer diferença entre o chamado "louco de rua" e a pessoa em situação de rua, aquela que perdeu os documentos. Aprendemos então que na rua existem códigos de ética extremamente rígidos: os moradores constituem uma estrutura comunitária de fratria e solidariedade, que faz com que não queiram sair da rua.

Quando estávamos fazendo nossa pesquisa na rua, um jornal publicou uma reportagem sobre nosso trabalho e, utilizando-se dos dados por nós coletados, desenhou um mapa das ruas de São Paulo localizando os chamados "loucos de rua". Assustamo-nos, tivemos medo de que acontecesse exatamente isso a que estamos assistindo hoje – temíamos *skin-heads*, grupos neonazistas, pessoas maldosas. Contrariamente ao que esperávamos, recebemos uma dezena de telefonemas de pessoas querendo contribuir, falando de outros personagens das ruas ou localizando alguns que se encontravam desaparecidos de seus lugares habituais. A reportagem validava, autorizava a existência dessas figuras da cidade. Fui chamada para ir ao programa do Jô Soares e para várias outras reportagens na televisão sobre a cidade. Aí, andando pela rua, não raramente eu era parada e tinha que ouvir, depois de ser parabenizada – que ironia! – a posição, bem mais comum do que podemos supor, de que era preciso matar aqueles que não trabalham e ficam "zoando". Lembrava da fatídica noite no Rio, em idos tempos, em que mendigos foram mortos, numa operação limpeza.

Hoje, 2004,[1] passados dez anos desde que fizemos o filme, as ruas estão mais cheias de pessoas que as habitam, a miséria e o

---

1 E, hoje, passados quase vinte anos, a situação piorou...

56   TEXTO/MANIFESTO

desemprego permeiam nosso cotidiano. Não sei se hoje poderia ter a mesma clareza em relação ao que é chamado o "louco de rua" e o desempregado, aquele que perdeu o documento. Não sei dizer se a miséria enlouquece. Sei que viver muito tempo em situação--limite exacerba o que temos de mais primitivo. Mas não podemos nos isentar da violência que assolou as ruas na calada das noites. É uma sociedade cruel essa que vai deixando pessoas pelas ruas em condições de desamparo absoluto. Mas parece-me que as soluções que vêm sendo adotadas não vão à raiz do problema. Apenas retirar da rua aqueles que a habitam pode ser algo muito cômodo para nós, instalados em nossos apartamentos equipados de eletrodomésticos. Retirar da rua e daí? Colocar em hotéis, em prédios abandonados... Esquecer da miséria e da diferença colocando grades e pedregulhos em praças onde pessoas em situação de rua costumam ficar, prática tão comum... Argumenta-se falando em mau cheiro, ameaças de assalto na volta para casa. E as prefeituras defendem-se, afirmam que estão encaminhando os "mendigos" para albergues. Mais um paliativo que só torna a paisagem urbana mais palatável para aqueles que, supostamente, sabem o que é "viver bem". Como se, no mundo em que vivemos, tivéssemos que homogeneizar formas de vida.

Não basta também nos solidarizar passando uma noite ao relento junto a pessoas em situação de rua. Mais uma solução paternalista em que vamos tentar convencê-las de que somos "bonzinhos" e queremos o seu bem. Lembro do final do filme *À margem da imagem*, quando o diretor filmou as pessoas em situação de rua assistindo a si mesmas no Espaço Unibanco de Cinema, a fala de uma delas: "Se eu for hoje e tocar a campainha de sua casa, certamente você não me receberá". E é verdade!

É claro que não se trata de tornar a rua um espaço idílico que nos livre de ter que receber pessoas em situação de rua em nossa casa. Nem se espera que qualquer ser humano ache delicioso morar na rua. Mas temos que considerar que, no nosso mundo, a rua foi deixando de ser espaço público, espaço de encontro com o outro. Todos tememos assaltos, sequestros. É um dado de nosso cotidiano, de uma sociedade movida pelo empobrecimento generalizado. Mas não me parece que a solução seja a eliminação do espaço público como espaço da diferença.

Venho defendendo a rua como espaço de trabalho, e propondo a criação de equipes de trabalho itinerantes que possam instrumentar a "população de rua" para viver de modo mais digno. Várias pessoas em situação de rua já trabalharam, vieram da roça, podem costurar, cozinhar, transportar. Temos vários relatos de ex--cozinheiros, ex-agricultores, ex-professores, ex-jornalistas que se encontram na rua. Será que não poderiam utilizar sua experiência anterior no trabalho na rua? É preciso respeitar seu nomadismo, e permitir que escolham a maneira de viver de forma mais digna. Se a rua é mais tentadora, apesar dos riscos todos, é porque ainda não se conseguiu instaurar uma fratria da mesma ordem. É porque, em nosso mundo, o que anda sendo perfurado é a identificação com a espécie humana. Lembrem do indígena Galdino, do assassinato de um homossexual na Praça da República, dos *pitch-boys* atacando jovens bem-vestidos. Parece que só os humilhados, os despojados de condições mínimas de sobrevivência, parecem ter, e fortemente, a noção de pertinência a uma espécie humana. Daí a solidariedade, daí a fratria, daí a vida comunitária que constroem pelas calçadas imundas de São Paulo.

Enquanto não for feita uma ampla campanha que transforme a rua em oficinas de trabalho, em que a partir disso cada um possa inventar seu jeito de estar na vida, enquanto a preocupação for "limpar" a rua e predominar o desrespeito pela singularidade nas formas de lidar com a história pessoal, a violência continuará predominando.

PARTE II

Artesãos da morte

2001

4. Um documentário sobre a morte

Surge a morte como tema

Foi a partir de uma supervisão que me veio a ideia de pesquisar como vivem aqueles que manuseiam o concreto da morte em seu dia a dia. Minha supervisionanda trouxe o caso de um pedreiro de cemitério e fiquei questionada sobre o que é a vida e a morte em alguém que tem o minuto a minuto da vida permeado pelo contato com o morto. Esse pedreiro tentara suicídio em uma árvore do cemitério.

No projeto que encaminhei à Secretaria de Cultura do Estado de São Paulo, apontava o quanto em nosso mundo não há espaço para a reflexão sobre a morte. Destacava então: "é uma sociedade que circula em torno da promoção do narcisismo, uma sociedade onde a violência atinge inclusive a possibilidade de enterrar os mortos".

Dar voz aos que não têm voz, olhar o que a visão não alcança. Dos nomeados como "loucos de rua" àqueles que, porque convivem com o cadáver, são discriminados.

Cinzentos são os túmulos dos indigentes, dos que não puderam ser nomeados.

Como (a)presentar a morte

Quando apresento meu segundo documentário, *Artesãos da morte*, quase pedindo desculpas, vou logo dizendo que é "tema de psicanalista". Não deixa de ser verdade – a psicanálise vem tratando o tema da morte como o não simbolizável, algo que é da ordem do real e não tem lugar na linguagem. Não teriam os psicanalistas, entre os quais me incluo, a partir da afirmação de Freud sobre o não simbolizável que é a morte, sido cúmplices do silêncio que nosso mundo contemporâneo traçou em torno dessa questão?

É, sim, como psicanalista que me pus a campo.[1] Buscando falas ou buscando imagens?

O documentário de Claude Lanzmann *Shoah* (França, 1985)[2] mostrara a possibilidade de filmar a fala. Os documentários de Eduardo Coutinho também.

Jean-Jacques Moscovitz (1991), no livro *D'où viennent les parents*, no capítulo "L'irréprésentable et son inscription", mostra como o efeito de verdade do filme *Shoah* vem de uma descontinuidade entre a voz e o olhar: "A voz não comenta, não ilustra a imagem: ela existe por si mesma. . . . Isso nos leva a 'ver a voz'" (p. 211). Assim se instauram diferentes tempos – abre-se o tempo de

---

1 A equipe de psicanalistas que me acompanhou na pesquisa e filmagem do *Artesãos da morte* foi: Anna Maria Amaral, Deborah Sereno, Marta Okamoto e Regina Hallack. O diretor de fotografia foi Hugo Kovensky.

2 *Shoah*, em hebraico, significa "catástrofe". É o termo utilizado para "holocausto", contendo também uma crítica à banalização do terror.

uma fala que atualiza o passado dando-lhe uma contemporaneidade vibrante. O filme tem, então, a dimensão do textual em ato.

Quando pensei na concepção que nortearia o documentário *Artesãos da morte*, quis ter como foco a fala daqueles que, nos seus cotidianos, manuseiam o cadáver. Por isso escolhi não colocar no documentário tudo que filmei no Cemitério Israelita do Butantã, embora tivesse entrevistado os lavadores de cadáver. O documentário não era sobre os rituais religiosos ligados à morte, não pretendia fazer uma antropologia das religiões. Eu queria saber da singularidade de cada trabalhador, seus instrumentos para lidar com o concreto do real da morte. Em várias situações de captação de imagens, houve a oferta da imagem do cadáver – por exemplo, os coveiros do Cemitério de Vila Formosa queriam muito mostrar como procediam quando removiam os ossos de uma cova para dar lugar a um novo enterro. Recusei, pois estava interessada no relato, em como cada um lidava com a vida e com a morte.

Sei da estranheza e do peso que sentíamos a cada saída para nossas entrevistas. Sei da presença/ausência do cadáver em nossas conversas, fosse nas casas entre as famílias, fosse escutando o cavaquinho de um técnico de necrópsia, ou nos cemitérios, nos locais de trabalho. De qualquer modo, a câmera é presença. Em *Artesãos da morte*, só a câmera permitiu antepor o olhar à visão, permitindo a escuta dos trabalhadores que lidam com o cadáver no seu cotidiano.

Referência

Moscowitz, J.-J. (1991). *D'où viennent les parents: essai sur la mémoire brisée*. Armand Colin.

5. A psicanálise diante da morte

A morte, hoje

Vivemos um mundo sem espaço para elaboração da morte. É uma sociedade que circula em torno da promoção do narcisismo, uma sociedade onde a violência atinge inclusive a possibilidade de enterrar os mortos.

José de Sousa Martins, na "Introdução" ao livro *A morte e os mortos na sociedade brasileira* (1983), por ele organizado, refere-se a um "silêncio civilizado" em relação à morte. Descreve uma atitude racional e prática que remove rapidamente da vida o peso dos mortos. Cita Weber, para quem uma sociedade para a qual a morte já não tem sentido é também uma sociedade que perdeu o sentido da vida. Christopher Lasch (1986) fala em uma "mentalidade da sobrevivência" em nossa cultura contemporânea, potencializada cotidianamente pela representação de catástrofes possíveis – a tecnologia vem desenvolvendo a maquinaria da guerra como possibilidade de extermínio em massa. A subjetividade se reduz a um "mínimo eu", passando a ser a busca de bens imediatos.

É porque não temos mais clareza sobre o que é a vida que não sabemos mais da morte.

José de Sousa Martins lembra que o sindicalismo brasileiro nasceu das sociedades funerárias do fim do século XIX e começo do XX. Eram as associações de mútuo socorro. As primeiras formas de organização dos trabalhadores urbanos no Brasil decorreram diretamente dos problemas sociais causados pela doença e pela morte na classe operária.

Radmila Zygouris (1995), no ensaio "O instante seguinte", afirma:

> hoje em dia, não sabemos mais muito bem o que fazer dos mortos. O que fazer dos cadáveres. . . . Sinistras as cerimônias religiosas, quando não possuímos nenhuma crença. . . . Sinistra a ausência de cerimônia. Enterros leigos, enterros furtivos. Nós nos livramos dos mortos. . . . Faltam-nos festas funerárias capazes de se encarregar da vida deixada vaga, das libidos desorganizadas, das pulsões desconectadas pela perda, dos espíritos à procura de uma representação unificadora e portadora de sublimações aceitáveis. . . . Cada vez mais, em nossas inevitáveis decadências, se não reencontramos a festa que celebra o morto e a morte, que permite a uns chorar, a outros se repensar e se projetar a si próprio como morto, cada vez mais, por desespero, treparemos ao lado dos túmulos.
>
> Esta é a crise de uma civilização: quando as palavras começam a faltar, quando os gestos se tornam insignificantes para representar a morte aos sobreviventes. (p. 35)

Vários filmes europeus hoje se indagam sobre o *Holocausto* e de que forma foram enterradas as vítimas dos campos de concentração. O documentário *Shoah* (catástrofe em hebraico),[1] que dura onze horas, tem como tema a indústria da morte durante o nazismo. Na psicanálise questiona-se que efeitos ainda tem sobre nós, portadores dessa história terrível, a anulação do nome do morto na vala comum.

Foi o importante historiador Philippe Ariès (1982) que identificou que a morte acabou por ser banida, ocultada, proibida das preocupações do homem ocidental de nosso século: ela chega a ser até algo obsceno, um verdadeiro tabu. Ariès fala de uma morte domesticada e de uma morte selvagem. Até meados da Idade Média a morte era domesticada – lutava-se menos contra a natureza, a morte era um fato natural. O quarto do moribundo enchia-se de gente, inclusive crianças, e o ritual era conhecido de todos. Depois, a morte vai se tornando selvagem, estranha.

Ora, ocultando a morte, é a própria vida que o homem atual atinge.

Filmar a morte?

O que motivou esse filme/pesquisa foi a constatação do silêncio que reina na psicanálise sobre a morte. A disruptiva descoberta freudiana da presença silenciosa da pulsão de morte e a constatação de um movimento de todo ser vivo em direção ao inanimado não nos diz da morte enquanto subjetivação da finitude.

---

1 Cl. Landzmann utiliza o termo *Shoah* para referir-se ao que vem sendo denominado "Holocausto", evitando assim a pasteurização do terror.

Maria de Fátima Vicente (2014), em seu livro *Psicanálise e música*, mostra como a "mentalidade da sobrevivência" contribui para que "o investimento dos pais sobre seus filhos seja uma busca de sua própria reprodução" (p. 22). Cita Freud em *A interpretação dos sonhos* (1900): "ninguém é insubstituível. . . . todos são *revenants* . . . estes nomes fazem que meus filhos sejam também, de certo modo, *revenants* e, em definitivo, não constituem nossos filhos nosso único acesso à imortalidade?" (p. 22).

Acompanhemos Maria de Fátima Vicente na sua leitura do texto freudiano *Introdução ao narcisismo* (1914). No terceiro item, quando Freud aborda a vida erótica, inclui como uma especificidade do erotismo humano a relação dos pais com suas crianças. E é nessa relação dos pais que aparece um dos aspectos mais imbatíveis das características do narcisismo primário infantil: a impossibilidade do eu em crer em sua própria morte. Fátima Vicente (2014) cita Freud: "a crença na própria imortalidade é o ponto mais espinhoso do sistema narcisista" (p. 23). Depois, historia a questão da morte na obra de Freud. Mostra como no texto de 1915, "Considerações de atualidade sobre a guerra e a morte", ao conjeturar sobre a relação do homem primitivo e sua relação com a morte, Freud afirma que "a própria morte lhe era tão inimaginável" (citado por Vicente, 2014, p. 24) quanto para qualquer um de nós. A morte não pode ser simbolizada porque não se inscreve como negação ou contradição.

Apenas a experiência de perda de um semelhante porque amado aproxima da experiência impossível de reconhecer-se mortal. Aí, o semelhante amado seria um pedaço do próprio eu. Mas é também a partir dessa perda que Freud pensou a melancolia: na morte, o outro se desvelando também como depositário de impulsos hostis. Surge então a culpa. É através desse ódio que o Eu se protege de admitir a própria morte como aniquilamento. Inventará então uma vida futura, uma religião. Para Freud, o narcisismo primário infantil partilha da disposição primitiva da humanidade, pois o eu do adulto também não pode crer em sua mortalidade.

O fato é que Freud foi cúmplice da selvageria que, segundo Ariès (1982), passou a envolver a morte a partir da modernidade. A morte é o que não tem representação, é o que está do lado traumático, da pura intensidade sem ligação. A morte, a mulher – o que não pode ser nomeado.

Nós, psicanalistas, continuamos emudecidos, confortáveis com a asserção freudiana de uma impossível simbolização da morte. E, em qualquer visita ao Cemitério da Consolação, onde o historiador da funerária nos guia, os símbolos da morte se sucedem ao infinito. Fazer um filme sobre os trabalhadores que no dia a dia tocam o morto talvez possa nomear algo do que temos silenciado.

Parece que, no que diz respeito à morte, estamos diante de mais uma cumplicidade metafísica da psicanálise, para utilizar o termo tão caro a Derrida. Morte, afinal, fala de um corpo perecível. E nós, ocidentais, mesmo que psicanalistas, só queremos saber do espírito...

Referências

Ariès, P. (1982). *O homem diante da morte*. Companhia das Letras.

Lasch, C. (1986). *O mínimo eu*. Brasiliense.

Martins, J. S. (1983). *A morte e os mortos na sociedade brasileira*. Hucitec.

Vicente, M. F. (2014). *Psicanálise e música*. Casa do Psicólogo.

Zygouris, R. (1995). O instante seguinte. In R. Zygouris, *Ah! As belas lições* (pp. 53-58). Escuta.

6. A experiência do limite: um documentário, por um triz, uma crônica[1]

Em meu primeiro documentário, estranhas paisagens se descortinaram a partir dos olhares daqueles que a cidade rotula como o "louco de rua". Meu filme *Dizem que sou louco* mostra usos singulares da cidade, estranhas perambulações inusitadas. Seus personagens vão brotando de asfaltos arranhados e muros grafitados.

Flanar pelas ruas de uma cidade como São Paulo já é algo que soa estranho. São Paulo é cinzenta, os vidros fumês dos edifícios colocam o negrume como algo do dia a dia de todos nós – a poluição introduz tons multifacetados nisso tudo, fazendo com que o ar seja metálico. Roque pauleira, agudo zunido permanente em ritmos amalucados. Caminhões e ônibus soltam fumaça fedida e estranhos ruídos de entranhas apodrecidas arranham a cada farol vermelho. A não brisa abafa corpos suarentos e carrancudos rostos enfeados pela tensão de um minuto a minuto imperdível, passos sempre apressados, tique-taques infernais.

---

1 Este trabalho foi originalmente publicado na *Revista de Estudos sobre Imaginário e Memória*, em agosto de 2002.

72 A EXPERIÊNCIA DO LIMITE

Em meio a isso tudo, os cemitérios são oásis benfazejos – lugares arborizados, o burburinho fica do lado de fora, o tempo é outro. Há uma tranquilidade serena nos cemitérios – a terra, o verde, os trabalhadores com suas enxadas passando aqui e ali, o bate-papo na porta da administração. Um certo clima de roça, de campo, dá para se acocorar e fumar um cigarrinho. Depois, pegar a pá e limpar os túmulos das folhas que neles se amontoam, caídas das árvores frondosas. Cada funcionário é responsável por um setor do cemitério e tem que manter tudo bonito. Os jardineiros fazem verdadeiras obras de arte, com um esmero enorme, escolhendo as cores das plantas, as flores e folhas em lindos ramalhetes que poderiam enfeitar a roupa de uma princesa. Como se de cada túmulo fosse despontar uma Branca de Neve ou um príncipe encantado.

Quando comecei a trabalhar no documentário *Artesãos da morte*, um pudor diante da questão me tomava – era difícil imaginar a filmagem no cemitério, as conversas com técnicos de necropsia. No projeto que encaminhei à Secretaria de Cultura do Estado apontava o quanto em nosso mundo não há espaço para a reflexão sobre a morte. Destacava então: "é uma sociedade que circula em torno da promoção do narcisismo, uma sociedade onde a violência atinge inclusive a possibilidade de enterrar os mortos". Depois, na elaboração do projeto de pesquisa que nortearia a produção do documentário, o historiador Philippe Ariès me forneceu conceitos que me ajudaram na compreensão das sensações que eu e minha equipe de pesquisa sentíamos em relação à morte. Ariès, em vários de seus trabalhos, mostra como a morte acabou por ser banida, ocultada, proibida das preocupações do homem ocidental de nosso século: ela chega a ser até algo obsceno, um verdadeiro tabu. Ariès diferencia uma morte domesticada e uma morte selvagem.

Até meados da Idade Média a morte era domesticada – lutava-se menos contra a natureza, a morte era um fato natural. O quarto do moribundo enchia-se de gente, inclusive crianças, e o ritual era conhecido de todos. Depois, Ariès vai mostrando como a morte foi se tornando selvagem, estranha. Era bem esse o sentimento que nos invadia – a estranheza, a sensação de estar entrando em um outro mundo, o pudor com os cheiros, com o podre, com aquilo que afronta a ordem da cultura.

Entrevistar aqueles que no seu cotidiano manuseiam o cadáver – buscar entender como é a vida dessas pessoas, como lidam com um dia a dia em que a morte não pode ser ignorada – quem sabe poder abrir um espaço para pensar sobre a morte, buscar a construção de rituais, poder ter instrumentos para lidar com o que nos constitui como humanos, a tragicidade de nossa condição que é a da consciência da morte.

Um coveiro de um imponente cemitério onde estão os jazigos das famílias mais tradicionais de São Paulo, o Cemitério da Consolação, afirmava: "Nós somos os abutres da sociedade". Depois corrigia-se: "Os abutres ao contrário". Em São Paulo, naquele momento, o uniforme dos coveiros era o mesmo que o dos lixeiros – o que está em questão são os detritos, os restos.

Em um bairro mais longínquo, o Cemitério de Vila Formosa é rotativo – depois de três anos, se a família não transfere o cadáver para o muro, o túmulo é reaberto, os restos são enterrados mais fundo, e outro cadáver é colocado por cima. O Cemitério de Vila Formosa é cheio de eucaliptos, lindas árvores longilíneas em meio aos túmulos azuis e cor-de-rosa, as mesmas cores usadas para identificar bebês meninos e meninas. Cinzentos são os túmulos dos indigentes, dos que não puderam ser nomeados.

Iniciamos o trabalho escutando técnicos de necropsia – o encontro com um casal em uma pizzaria: ele trabalhara anos no Instituto Médico Legal e ela é papiloscopista, tira impressões digitais de cadáveres. Haviam se conhecido no trabalho e, rindo, contam que adoram ver filmes de terror. Depois, outro encontro, agora já

74 A EXPERIÊNCIA DO LIMITE

com equipamento de som montado, na mesma pizzaria, um outro técnico de necropsia, batalhando pela regulamentação da sua profissão. Comeu pizza calabresa com um prazer enorme enquanto dava detalhes de seu trabalho. Fomos à casa da maquiadora de cadáveres, uma linda e exuberante mulher que adora dançar.

Então, com Hugo Kovensky, premiado diretor de fotografia,[2] partimos para nossas visitas aos cemitérios e nossas conversas com coveiros, jardineiros, administradores.

Nossa relação com os locais da morte foi mudando. As falas dessas pessoas passaram a poder ser escutadas de um outro modo. Nosso olhar sobre os cemitérios se transformou – um jardineiro afirmou que era muito mais fácil trabalhar com eles (os mortos). Estranhamente, passou a existir um "estar à vontade" nos cemitérios. Essa possibilidade de misturar a morte com a vida, essa afirmação da vida – não seria esse o único jeito de poder lidar com a morte? Algo que passasse por uma ritualização diária, o cuidado cotidiano com a vida – os coveiros tomam banho quando saem do trabalho, trocam de roupa. No cemitério judaico, quando o ritual do enterro termina, as pessoas lavam a mão. Como são as passagens entre a vida e a morte?

Indo de um canto a outro em meio aos meus afazeres semanais, encontro com um senhor uniformizado de motorista que me chama pelo nome, quer que eu me lembre, eu não me lembro. Conta que trabalhava com o João, o pintor, que morreu. Haviam pintado não sabia se a minha casa ou o meu consultório. Agora é motorista de uma sinagoga, leva o rabino para lá e para cá. Lembro-me então que, quando eu quis filmar no cemitério judaico, pediram-me que lesse um livro que foi escrito pelo rabino com quem esse senhor

---

2 Hugo Kovensky trabalhou com as diretoras Tata Amaral e Eliane Caffé e foi premiado pelo longa *Bicho de sete cabeças*, dirigido por Lais Bodanzky.

agora trabalha. Estranhos acasos. Contei-lhe que precisava do livro para um trabalho meu. Ele diz que iria conseguir. Depois de quinze dias, passa no meu consultório, que ele pintara há quinze anos, e, orgulhosamente, entrega-me o livro. O rabino queria saber meu sobrenome. Eu me comovo – encontros de vida propiciados pelo mergulho na questão da morte.

Assim é que, no domingo de carnaval, caminhava gostosamente pelas ruas de São Paulo, com minha família e com meu cachorrinho. Escolhemos fugir do movimento das avenidas, andar por ruas mais sossegadas, buscar algo de verde, de campo, quem sabe uma oculta cidade de interior nessa cidade metálica. Na busca da tranquilidade chegamos nos fundos do Cemitério da Consolação. Meu cachorrinho me puxa para dentro do cemitério atrás de um majestoso gato branco. Sugiro então ir visitar um túmulo onde havia uma linda escultura – o primeiro nu dentro de um cemitério. Achava que ficava próximo àquela entrada. Entrei no cemitério com a maior desenvoltura, como se conhecesse todas as alamedas, como se conhecesse cada túmulo. De repente, um homem com um enorme revólver – quer o relógio de Reinaldo, quer o relógio, está branco, cadavérico, "não me segue senão eu te apago", o homem entre os túmulos e meu cachorrinho me puxando atrás do gato e eu querendo encontrar os meus conhecidos que havia entrevistado, e ninguém, ninguém, a arma cintilando ao sol de um domingo de carnaval, ele não quer o dinheiro, não pede a bolsa, quer o relógio, o relógio. Não morrer por um triz em um passeio por um cemitério deserto. A morte tão rente ali e o cemitério. Como se aquele homem cadavérico viesse me lembrar do aterrador da morte. E me falar do sagrado, e me mostrar a necessidade da veneração e do ritual. Esse tênue fio onde a familiaridade elimina o sagrado. Que o meu cachorrinho corresse atrás de um gato que vive no cemitério, que se alimenta de insetos que brotam da terra que aconchega restos humanos, que meu cachorrinho sentisse cheiros de ossaturas mil... tudo isso passou a fazer parte de uma normalidade. Lembrei que até o século XIV os cemitérios eram lugares de feiras, onde se dançava e se vendia de tudo. A mistura da vida e da morte, a morte como parte da vida, o curvar-se à natureza. A morte domesticada – como meu cachorrinho. No assalto, ressurgiu a selvageria da morte em nosso mundo. Morrer assim, sem mais. Por nada.

Tudo isso me fez refletir sobre o que é fazer um documentário, a importância de manter a estranheza, o medo, o cuidado para não pasteurizar a morte. Não esvaziar a imagem do seu sentido. Não entrar no inebriamento onipotente que a realização de um filme traz.

Esse lúgubre encontro no cemitério me fez rever a linguagem desse documentário. Recuperei a estranheza. Sou grata aos acasos que vão construindo encontros inusitados, para o bem e para o mal. Tudo isso por causa de um assaltante que, por um triz, não se tornou um assassino.

PARTE III

O filme que não aconteceu:
De alma na mão

7. Construindo o *Ar(l)ma na mão*: do Cemitério da Consolação ao Fórum em Defesa da Vida

A partir da experiência, durante a realização do documentário *Artesãos da morte*, de ter visto uma arma reluzente em um domingo ensolarado, decidi propor o documentário *Arma na mão*. A ideia seria mostrar como a violência não está apenas na periferia, na favela, nos lugares onde a exclusão social fica mais evidente. Aliás, essa periferia vem sendo mostrada tanto em documentários significativos (*Notícias de uma guerra particular*) como em filmes ficcionais (*Cidade de Deus*, por exemplo).

Cada vez fica mais claro que a violência está presente nos mais diversos estratos sociais e que é um ato defensivo tipicamente burguês colocar apenas nos bairros da periferia a questão do alto índice de mortandade por homicídio. É claro que as estatísticas confirmam essa hipótese – nos finais de semana, nos bairros de periferia, são altíssimos os índices de assassinatos. Nesses bairros, a falta de atividades de lazer e o crescimento de cidades-dormitório apenas evidenciam o caráter violento de nossa sociedade como um todo.

Para elaborar o projeto de documentário, comecei, eu e minha equipe, a lidar com o horror que temos às armas. Assim, comecei a realizar entrevistas, ir a quartéis, falar com policiais. Aqui, cabe um esclarecimento pessoal: minha geração viveu a ditadura militar. Eu mesma tive parentes próximos perseguidos e exilados, participei dos movimentos estudantis de 1968. Ou seja, sou de uma geração que cresceu no medo da polícia. Ironicamente, buscando entender a legislação daquele momento relativa ao uso de armas, fui levada a entrevistar, de início, um juiz corregedor que já havia sido PM. E que me apresentou a um major que batalha há muitos anos pelo desarmamento da polícia quando não em serviço. Lá me vi eu, entrando quartel adentro para entrevistar o major. Não podia deixar de contar meu horror às armas, contar de como sou de uma geração para quem é difícil entrar em um quartel – só se entrava em quartéis preso ou para ser torturado... Falando da minha experiência, do meu pai que foi preso quatro vezes em 1969, o major me contou de seu pai, que saía para prender terroristas procurados pela polícia, e a angústia que sua família vivia, sempre na espreita de tiroteios. Esse major, tão delicado, contou-me que, quando um policial mata, vai ser atendido e cuidado por um departamento: em geral fica afastado por um tempo, recebendo cuidados psicológicos. Ou seja, a vida humana é valorizada, e matar não é qualquer coisa.[1] O major frisou que, na formação do policial, dá-se ênfase ao estudo da Declaração dos Direitos Humanos. Mas penso que se existe um departamento da polícia para cuidar do policial que mata é porque se pressupõe que as mortes ocorrerão...

O juiz corregedor contou-nos que, quando um policial passa a ter acesso a uma arma, já está estabelecido o ritual em que compra

---

1 Em setembro de 2023, vemos uma polícia violenta e que mata. As notícias de chacinas no litoral paulista, nas comunidades cariocas e em Salvador permeiam cotidianamente nosso noticiário.

a sua própria arma, pois é muito difícil conseguir recarregar uma arma durante uma operação. Tem um momento que é "bangue--bangue" mesmo...

Para muitos, a arma é companheira de trabalho – entrevistando o dono de um bar que funciona 24 horas, ao perguntarmos sobre desarmamento, recebemos a seguinte resposta: "Só depois que desarmarem os bandidos".

Começamos nossas filmagens no dia 9 de julho em um ato público promovido pela ONG Sou da Paz. Com exceção dos familiares de vítimas da violência que por nós foram entrevistados, não havia uma real consciência da questão do desarmamento. Era uma festa, as pessoas queriam os shows.

O repórter de um importante jornal acompanhou a filmagem. A partir da reportagem, fui convidada a participar do Fórum em Defesa da Vida, que acontece toda primeira sexta-feira de cada mês no Jardim Ângela. Foi uma experiência comovente.

O Jardim Ângela é vizinho ao Capão Redondo e ao Jardim São Luiz. São bairros onde já houve o maior índice de mortes violentas do mundo todo, mais alto do que os da guerra da Croácia.

O Fórum em Defesa da Vida existia naquele momento há oito anos, tendo como tarefa organizar uma caminhada em direção ao Cemitério São Luiz todo dia 2 de novembro, Dia de Finados. No Cemitério São Luiz são enterradas, tradicionalmente, as vítimas da violência, é para lá que a polícia leva. É um cemitério que abriga os excluídos, aqueles que não têm onde ser enterrados. Até hoje é assim.

O Fórum em Defesa da Vida passou a congregar as várias ONGs que atuam na região, desde aquelas que trabalham com a violência doméstica até as que lutam pelo estatuto da criança e do adolescente, passando por ambientalistas, pois a região é próxima à Represa de Guarapiranga. Pude então ter contato com a União das Mulheres, com os adolescentes da Timbalata, que fabricam seus instrumentos com lata e lutam capoeira, com movimentos de educação e formação de lideranças. Participei dos preparativos da Caminhada pela Paz em 2003. No mês de setembro, mais de oitenta pessoas estavam presentes ao Fórum. Impressiona o quanto a comunidade vem sendo transformada pelas atividades das ONGs – o índice de criminalidade vem diminuindo e, nesse momento, outros bairros da periferia causam mais preocupação. Como disse o padre Jaime, líder do Fórum, "somos papais e mamães de vários outros fóruns pelas periferias afora...".

Em outubro de 2004, a prefeitura de São Paulo, que era domínio do Partido dos Trabalhadores, quis incluir a caminhada de 2 de novembro nos festejos dos 450 anos da cidade de São Paulo. O Fórum teria apoio publicitário, poderia divulgar suas atividades. Mas, depois de acirrada discussão, decidiu-se manter a autonomia. Com todas as dificuldades, inclusive financeiras, que isso ocasionava. As camisetas só ficaram prontas porque o padre Jaime tirou dinheiro de seu próprio bolso, pois falharam os patrocínios.

O fato é que, no dia 2 de novembro, um dia chuvoso e frio, pelo menos 10 mil pessoas caminharam com faixas brancas com os nomes de vítimas da violência enroladas na cabeça.

Consegui que me cedessem equipamento para filmar em película e todos nós trabalhamos do jeito que pudemos. Sentimo-nos absolutamente emocionados por percorrer as ruas daquela imensa cidade-dormitório, com as janelas cheias de ferros protetores, muitos cadeados, uma miséria que busca se proteger da miséria alheia e violenta.

Se eu puder passar o que foi esse caminhar, em alguns momentos de mãos dadas com quem estivesse do lado, se eu puder mostrar o respeito mútuo entre os diferentes líderes das diferentes religiões, se eu puder passar as lágrimas de mães chorando por seus jovens filhos, aí já valeu ter corrido aquele imenso risco no Cemitério da Consolação. No contato com o Fórum em Defesa da Vida, na Caminhada pela Paz, em pleno Jardim Ângela, na lama do Cemitério São Luiz, um aprendizado do que são as vísceras da violência e de como há formas de solidariedade que nossa vida pequeno-burguesa desconhece.

Depois dessa experiência, nosso documentário passou a se chamar: *Alma na mão*. É assim que as pessoas fazem a caminhada até o Cemitério São Luiz, com as almas irmanadas nas mãos que se ajudam por ladeiras e pedras...

Hoje, resta apenas o registro de tudo isso. Nunca pudemos realizar o documentário, não conseguimos recursos. Assim é o cinema: propicia experiências únicas. Mas, também, por vezes, os sonhos se esvaem. Mas a caminhada continua e é isso o que importa.[2]

---

2 Em 2009, pude aproveitar essas imagens no documentário do edital da Secretaria Municipal de Cultura sobre "História dos bairros", quando fiz o documentário *M'Boi Mirim: dos índios, das águas, dos sonhos*.

PARTE IV

O documentário que aconteceu: *M'Boi Mirim: dos índios, das águas, dos sonhos*[1]

2009

---

1 Quando o filme foi realizado, ainda não era clara a importância de usar o termo "indígena" em vez de "índio". Nesta nova edição, portanto, mantivemos o nome original do documentário, mas atualizamos o uso do termo ao longo do texto.

8. Retomando o *Alma na mão* como *Mão na alma* – M'Boi Mirim

Quando a prefeitura de São Paulo, em 2008, lançou o segundo edital para documentários sobre a história de bairros, pensei que seria uma oportunidade de retomar as imagens que já havia feito em 2001, sobre a Caminhada pela Paz, no Jardim Ângela.

Com o documentário *Artesãos da morte* (2010) ganhei vários prêmios, nacionais e internacionais. Um dos prêmios me cedia material para fazer outro filme (edição, película etc.). A partir de um assalto no Cemitério da Consolação, surgiu a ideia do *Arma na mão*, uma tentativa de pesquisar o que move o uso de armas. A imagem do rifle prateado cintilando ao sol me marcou. Conforme o relato no capítulo anterior, não consegui fazer o documentário.

O fato é que, em 2008, ganhei o edital da prefeitura com um projeto sobre o bairro M'Boi Mirim. Devo ter mostrado minha familiaridade com os movimentos daquela região. Porém, muitas vezes desanimei, não conseguia entender de que modo eu estava sendo psicanalista realizando um documentário que tinha como exigência fornecer dados históricos, usar material de arquivo.

Soube de um grupo de indígenas que havia morado em M'Boi Mirim nos anos 1970 e que havia abandonado a região e hoje estava na reserva de Parelheiros. Achei que eles podiam ser guias preciosos em nosso contato com o bairro. Foi quando fiquei perplexa com as duas aldeias que existem na Zona Sul de São Paulo. Tomei consciência de como é grave a questão dos guaranis e como urge pensar em maneiras de preservar essa tradição sem dar as costas para as conquistas que o progresso traz. Paradoxo atroz que atravessa o cotidiano desses guaranis.

Era também o ano em que continuei a filmagem do que viria a ser o *Afirmando a vida* (2022). Pelo Brasil afora, conversei com indígenas dos mais diversos recantos que haviam ingressado nas faculdades devido às cotas para essa população. Em São Carlos, um indígena da etnia Chukuru, que cursava Psicologia, falava-me da importância de se instrumentar para poder cuidar da preservação das tradições.

Ao fazer o documentário sobre M'Boi Mirim,[1] descobri um lado da cidade que luta cotidianamente com a contradição entre a preservação dos mananciais e a luta pela moradia. Percorremos ocupações hoje legalizadas e ocupações que ainda lutam para existir. Vimos uma Guarapiranga cheia de excrementos, esgotos desaguando na represa com crianças brincando e nadando.

Pude constatar a força das ONGs e trabalhos que ali aconteceram e que mudaram as estatísticas da violência.

Conheci moradores que lutaram por cada poste de luz, por saneamento básico. O bairro tem uma história de luta muito admirável, ligada às pastorais da igreja. Os centros de cultura de-

---

1 *M'Boi Mirim, dos índios, das águas, dos sonhos*. Direção: Miriam Chnaiderman, 27 minutos, 2009.

sempenham papel fundamental e pude gravar o resgate de uma tradição afro-brasileira.

Mais uma vez estive na caminhada que acompanha as famílias que perderam entes queridos assassinados. Pude ouvir e documentar o querido padre Jaime. Acabo de saber que ele morreu na Escócia. Hoje, fevereiro de 2023. Deixou marcas de vida e luta no Jardim Ângela.

Conheci então mais outra cidade. Mais outras quebradas de luta.

Minha admiração pela luta dessa cidade que teima em existir!

Assim conheci mais uma cidade.[2]

---

2 Em 2017, fundamos o coletivo Escutando a Cidade, composto por Alessandra Sapoznik, Luisa Segulem, eu, Soraia Bento e Paula Janovitch. Percorremos então muitas outras cidades. Site do coletivo: www.escutandoacidade.com.br.

PARTE V

Gilete azul

2003

9. Conhecendo Nazareth Pacheco

Em meio ao turbilhão que vai do silêncio do consultório ao burburinho da rua ou ao clima de roça dos cemitérios, passando mesmo pelo possível estalido de uma arma de fogo, fui procurada pela artista plástica Nazareth Pacheco, que me pedia que eu escrevesse o texto para o catálogo de sua nova exposição. Não conhecia Nazareth nem sua obra. Encantei-me com ambas. Nazareth transformou o sofrimento vivido precocemente no corpo em uma obra magistral – as cirurgias pelas quais passou, seu corpo reconstruído, transformaram-se em joias e vestidos de gilete e material cortante. Era o momento de viver o respeito para com o singular que brota de um corpo mutante agudizando questões do erógeno.

Na nova exposição de Nazareth, cortinados de gilete e miçangas rodeiam uma cama de acrílico – o brilho sedutor impenetrável. Concomitantemente, acontecia uma exposição retrospectiva de toda sua obra. Havia prazos, as exposições terminavam: fizemos o vídeo *Gilete azul*.[1] Não podia deixar passar as exposições sem que

---

1 *Gilete azul*. Direção: Miriam Chnaiderman, 16 minutos, 2003. Diretor de fotografia: Rinaldo Martinucci.

delas fizesse o registro. Quando Nazareth remontaria os infinitos cortinados de gilete? Foi uma difícil decisão, pois teria que bancar o documentário. A solidariedade de todos técnicos e colegas envolvidos, movidos pelo encantamento com a obra e a figura de Nazareth, permitiu realizar o *Gilete azul*.[2] O fio condutor de todo o processo foi a questão da sublimação e do feminino. Nazareth, no vídeo, fala de sua infância, quando os balanços onde as crianças brincavam eram objetos proibidos – hoje seus balanços e bancos de jardim são forrados com pregos pontiagudos.

Aqui, na entrega da linda Nazareth, na sua disponibilidade, deparamo-nos com o que dá especificidade ao nosso trabalho no audiovisual: nossa escuta respeitosa, nossa aceitação do que é o enigma de cada sujeito. Aliás, é a relação com a psicanálise que dá especificidade ao nosso trabalho dentro do cinema.

---

2 Havíamos fundado a Cia Desmanche – Psicanálise e Cinema, naquele momento composta por: Deborah Sereno, Leonel Braga Neto, Marta Okamoto, Miriam Chnaiderman, Nayra Ganhito, Regina Hallack.

10. Inventando corpos e/ou desvelando o erótico em inquietante devassidão: o encantamento dolorido[1]

É em nosso corpo que experimentamos a obra de Nazareth Pacheco: somos tomados pela vertigem de um mundo que nos rasga e expõe vísceras em orgasmos bizarros entre a dor e o êxtase. Contrariamente ao artista que expõe seu corpo como objeto artístico, é o nosso corpo que fica desnudado diante dos objetos agudos e cortantes. Penetrar os cortinados feitos de lâminas de barbear e miçangas, no seu brilho sedutor, fascinante, faz com que os rasgos aconteçam e esmigalhem imagens corporais, dilacerando qualquer identidade possível. É a própria noção de sujeito psíquico que fica questionada, o jogo de espelhos se inverte, perdemo-nos do olhar que nos constituiu, tornamo-nos ferida exposta. O Eu-pele explode, os suspiros são indiscerníveis, algo do imponderável circula. Desruptor movimento de campos do desejo, esvaindo contornos, degelando montanhas. Todos passamos a fazer parte da chamada *body-art*, todos nossos corpos são campos de batalha. É essa a radicalidade do trabalho de Nazareth Pacheco: instaura um

---

1 Texto produzido em 2003 para a exposição *Quarto*, na Galeria Brito Cimino.

corpo-carne naquele que olha seu trabalho. E, ao fazer assim, obriga a um trabalho de recostura do próprio eu. Nisso, vários eus se tornam possíveis, vários corpos podem acontecer. As cirurgias são coletivizadas, os interiores dos corpos misturam-se em comunhão ao mesmo tempo ascética e sanguinolenta. Um sanguinolento sem sangue. Os cortinados, os adornos, os vestidos, são inodoros, atemporais, sem marcas. Inumanos e profundamente humanos. Ficamos nós com os corrimentos, os cheiros, os escarros, o informe. Tornamo-nos profanadores de terrenos sagrados: o leito do amor, o banheiro, lugares do toque despudorado, do prazer clandestino, possível libertinagem de cada um.

Dos instrumentos de tortura (tema que percorre toda a obra de Nazareth Pacheco) ao leito, imensa cama acrílica. "Autour du lit fatal, chaque objet est nouveau",[2] disse Paul Éluard (citado por Moraes, 2017 p. 64). Cama fatal, mesa de dissecação: "Belo como... o encontro fortuito de uma máquina de costura e um guarda-chuva sobre uma mesa de dissecação" (Maldoror, citado por Moraes, 2017, p. 38). Breton interpretou a mesa de dissecação da frase de Lautréamont como cama, o guarda-chuva representando o homem e a máquina de costura, a mulher. O acaso é portador de sentidos inesperados. Destruição de qualquer ordem estabelecida. E não é esse o efeito do desejo? Na cama que Nazareth construiu não conseguimos nos deitar. Qualquer sentido conhecido explode e ocorrem inusitadas descobertas em um erótico paradoxal, comunicação cósmica e misteriosa, os amantes engendram o cosmos. O leito é rodeado de material cortante, lâminas de barbear fixadas em miçangas. Masculino cortante e feminino ofuscante. Instrumentos de dissecação, transfigurando encontros, fabricando corpos, mutação permanente. O que se rasga é a própria representação da cama como ninho acolhedor da vida e da morte. Bataille inscreveu

---

2 "Em torno da cama fatal, cada objeto é novo", em tradução livre.

o erótico na violência. O encontro amoroso dissolve formas constituídas, destrói o descontínuo, propõe a unidade. O sentido último do erotismo é a morte.

Freud mostrou que onde a fúria da destruição é mais cega pode sempre estar presente uma satisfação libidinal. Impressões frequentemente dolorosas são fonte de intenso gozo. É o que há de demoníaco, inumano, em todos nós. Nazareth Pacheco trabalha com a questão do gozo, desse gozo mortífero que é barrado pelo desejo. Isso implica em romper barreiras, um enfrentamento com o interdito. O gozo é do campo do que não cabe na palavra, do que não pode ser nomeado. O desejo se interpõe ao mortífero. Mas a busca é gozo e, portanto, o desejo jamais é satisfeito. Gozo implica forçar a barreira do princípio do prazer e, portanto, questiona o interdito. Nazareth propõe um mais além do desejo, um encontro com o que é originário no erotismo. Transgride, indo em direção a um real pulsional.

Lacan diferenciou o princípio do Nirvana, tendência de retorno ao inanimado e pulsão de morte. Fiel a Bataille, a pulsão de morte passou a equivaler à vontade de destruição direta. A pulsão quer sempre atender um Outro, tornar um Outro pleno. Destruir o Outro, formando Um, busca da unidade total. O Outro que é fonte da linguagem e da inserção na cultura. Só que o Outro pleno é morte, movimento que cessa. No sadismo, o gozo vem do suposto gozo no outro: ao provocar dores no outro, gozamos por identificação com o objeto sofredor. Coloca-se uma intersubjetividade que faz o gozo do sujeito escorar-se sobre o gozo que ele imagina no outro. Gozo jamais alcançado. É esse o jogo erótico que Nazareth Pacheco nos propõe: quem goza com o gozo de quem? São nossos corpos objetos de um gozo sádico? Mas o sublime emerge disso tudo, questionando a imagem que temos de nós mesmos. Ainda que seja através de uma pele marcada por rasgos de lâminas,

98 INVENTANDO CORPOS E/OU DESVELANDO O ERÓTICO...

ou cicatrizes de bisturi escarafunchando furúnculos purulentos de nosso triste cotidiano.

A obra de Nazareth Pacheco busca desalienar nossa imagem, sempre construída a partir de um olhar que nos olha. Somos obrigados a refazermo-nos como sujeitos de nossos desejos. Um imaginário do dilaceramento, a referência a suplícios e tortura – que, segundo a própria artista, vem acompanhando todo seu trabalho – mostra um corpo convulsivo. Não há apaziguamento possível.

Contrariamente a toda uma corrente modernista, que se inaugura no início do século XX, a obra de Nazareth não vai no sentido de uma desantroporfização, não vai no sentido de negar o corpo humano. Pelo contrário: trabalha com adornos, com roupas, com cortinados, com instrumentos de tortura ou de exame médico. A ausência do corpo costurado, remontado (contrariamente a Orlan, que filma suas cirurgias), faz com que nosso corpo fique pesadamente presente em nossas sensações. São os nossos corpos de espectadores que são retalhados em estranhas plásticas e cicatrizes costuradas. O invisível corpo torna-se um corpo carregado de órgãos e vísceras com ruídos e odores. O que não podia aparecer surge em fascínio de cantos de sereia. O corpo ausente fala do mais recôndito do desejo. E, através dos adornos cortantes, a mulher aparece radiante, triunfa na possibilidade de um erotismo inomeável, corpos de mil zonas de prazer. Vagina dentada? Freud nos fala da sensação de estranhamento terrorífico que o homem experimentaria diante do sexo feminino. O termo alemão que Freud utiliza é *Das Unheimliche*.[3] Mas, o que é o *Das Unheimliche*? No texto em que trabalha esse conceito, Freud

---

3 "Das Unheimliche" é um texto de Freud de 1919 que vem sendo traduzido de diferentes modos: estranhamente familiar, sinistro etc. A editora Autêntica lançou um volume com a tradução "infamiliar". Penso ser essa uma boa solução. Mas eu utilizei até agora "O estranhamente familiar".

começa por um levantamento nos dicionários da palavra alemã *heimlich*, a partir da curiosa etimologia da palavra, que vem de *heim* (lar) e significa íntimo, familiar, e também secreto, clandestino, que não deve ser mostrado: é preciso que outros não saibam dele nem sobre ele. Freud conclui que em tudo que é familiar está sempre contida a ideia de ocultação. O *Unheimlich* diz respeito a um efeito de estranheza que atinge o conhecido e familiar, tornando-os motivo de ansiedade. A frase de Schelling, citada por Freud, sintetiza tal vivência: "Chama-se '*Unheimlich*' a tudo que, destinado a permanecer em segredo, oculto . . . veio à luz". Freud mostra como, etimologicamente, *Unheimlich* e *heimlich*, seguindo uma ambivalência, acabam se unindo.

Em toda sua obra, Nazareth Pacheco opera radicalmente o *Unheimlich*, o "estranhamente familiar", o infamiliar. É uma experiência que, já no começo de sua carreira, acontece a partir da manipulação de materiais cortantes e pontiagudos para construir objetos do dia a dia de todos nós. Ao descrever seu trabalho para a exposição que realizou no Centro Cultural em 1990, na sua dissertação de mestrado, Nazareth Pacheco compara o "prazer do fazer" – pinos para cortar, furar e parafusar – com a época em que sua avó ensinava crochê e tricô aos netos: "Todos na fazenda tinham agulhas e lãs na mão".[4] As agulhas se transformam em pinos pontiagudos pretos de placas de borracha, fixados com parafusos em placas de compensado. A disparidade dos materiais utilizados mostrava a possibilidade de construir objetos bizarros e até mesmo ameaçadores. Depois, Nazareth Pacheco (2002) passa do painel para objetos tridimensionais, tendo sentido a necessidade de expandir os trabalhos para o espaço, buscando o lugar do próprio corpo. Os pinos pontiagudos tornam-se volumes autônomos. Já então, colocava-se a subjetividade em circulação e os gozos se esparramavam.

---

4 Depoimento colhido para o documentário *Gilete azul*.

Depois, o Eu-pele foi questionado no seu trabalho com borracha. Nazareth Pacheco (2002) fala de uma briga corporal com a resistência da borracha. Configura-se aí a luta com o informe. Nazareth Pacheco sabe que a forma oprime a matéria. Essa opressão é figurada nessa sua etapa de trabalho. Nomeia essa etapa de seu trabalho: "A pele... borracha natural" (Pacheco, 2002, p. 17), utilizando alguns cognomes para identificar esse seu momento: "Objetos Evasivos, Colares e Objetos de Aprisionamento", conforme explicita em nota de rodapé (Pacheco, 2002, p. 17). A pele limita a possibilidade da fusão, busca erótica. O látex líquido passa por uma prensa que o transforma em mantas rugosas. Nazareth Pacheco (2002) descreve: "Estas mantas de borracha natural, quando saem da estufa e são isoladas uma das outras por camadas de plástico, permitiram por meio da manipulação modelagens especiais" (p. 19). Metamorfoses movidas por gestos aprisionantes, violência necessária para a transformação: as mantas de borracha foram sendo "torcidas, moldadas e estranguladas por uma longa brida de chumbo" (p. 19). Nazareth Pacheco cita Rosalind Krauss, que afirmou que, na arte processual, os processos de transformação empregados "eram principalmente aqueles de que as culturas se utilizam para incorporar as matérias primas da natureza, como a liquefação, para refino, ou o empilhamento, para a construção" (p. 20). Algo originário, arcaico, algo de um não representacional está presente nisso tudo. Naquele momento do trabalho, a borracha era retorcida. Hoje, são nossos corpos que são estrangulados por requintados apetrechos de tortura, disfarçados em adornos que brilham como nobres rubis de coroas reais.

No início do capítulo "Objetos aprisionados", Nazareth Pacheco (2002) escolhe como epígrafe Louise Bourgeois:

> *O tema da dor é meu campo de batalha. Dar significado e forma à frustração e ao sofrimento. O que acontece*

com meu corpo tem e recebe uma forma abstrata formal. Então, pode-se dizer que a dor é o preço pago pela libertação do formalismo. (p. 22)

Breton, já nos anos 1930, havia proposto a necessidade de ir ao fundo da dor humana. E Bataille propõe elevar a vida ao nível do pior. Bataille quer ultrapassar as visões sublimadas da realidade, o que só pode ser conseguido através de uma "cólera negra e até mesmo uma indiscutível bestialidade" (citado por Moraes, 2017, p. 155).

Nazareth Pacheco expõe objetos relacionados ao seu corpo. Mas seu corpo é o de todos nós. Suas cirurgias passam a ser nossas cirurgias, os corpos se fundem, a mutilação instaura novos territórios erógenos. O humano é disparado, o homem ao alcance de si próprio.

Depois, a pesquisa dos objetos relacionados ao universo da mulher. Mas Freud já nos mostrou que a feminilidade é uma questão também para os homens – passagem do tempo, representação da perda e da ausência. A alteridade do feminino na impossibilidade de nomeação de um real de um corpo que goza. Nazareth Pacheco instala em uma sala espéculos transparentes, sendo apenas um de aço. Um único espéculo de aço e gelado. No desejo, a imaginação erótica atravessa os corpos, torna-os transparentes. Ou os aniquila. E, numa bacia de alumínio, cem DIUs. O DIU destrói o que o espermatozoide cria. O espéculo no lugar da vagina exposta, somos todos, homens e mulheres, penetrados por espéculos, transparentes e/ou de aço. Transparência sugerindo um invisível presente em nosso mundo moldado para ocultar aquilo que permanentemente nos fere. Depois, o molho de saca-rolhas e um saca-miomas. A vida como violência permanente. Diálogo mortal entre Eros e Tânatos. Freud afirmou que a doença é o estado

102 INVENTANDO CORPOS E/OU DESVELANDO O ERÓTICO...

normal do civilizado. Males imaginários pelos quais a civilização passa, a domação de nossos instintos é paga com sangue. Existe erotismo que não seja destrutivo?

No trabalho seguinte, os colares feitos de cristais, agulhas, lâminas e anzóis. E, ainda depois, o "vestido de baile". Sempre o terrorífico da sedução.

Mas parece que Nazareth Pacheco sentiu-se apertada nisso tudo e precisou pensar mais amplamente todas essas questões. Passou a utilizar-se do acrílico fabricando peças que tinham grande proximidade com objetos de tortura e aprisionamento. Sade nos ensinou que as paixões se distinguem entre si pela violência, proclamando então uma declaração de direitos das paixões, fundando os Estatutos da Sociedade dos Amigos do Crime. Minski, personagem de Sade, alimenta-se de carne humana. Deixa de haver qualquer diferença entre os homens e os animais; as ações deixam de ter qualquer substância moral: "O crime não tem realidade alguma; melhor dizendo, não existe a possibilidade do crime porque não há maneira de ultrajar a natureza" (Sade citado por Paz, 1999, p. 61). Profanar a natureza é honrá-la. Sade, na leitura de Octavio Paz (1999), "imagina a matéria como um movimento contraditório, em expansão e contração incessantes. A natureza destrói a si mesma; ao se destruir se cria" (p. 61). Não mais distinção entre criação e destruição. Prazer e dor são nomes tão enganosos como quaisquer outros. O prazer passa a ser dor e a dor, prazer. A imaginação se multiplica, o mundo das sensações passa a ser meta única. A mesa de operações, de dissecação, altares ensanguentados. O prazer, à medida que cresce e se faz mais intenso, roça a zona da dor. O prazer mais forte passa a ser dor exasperada, que, por sua própria violência, transforma-se de novo em prazer. Um prazer inumano, um mais além da sensualidade. Os instrumentos de tortura de Nazareth Pacheco, o balanço fixado em corda de cristal, o tampo perfurado de agulhas de costura (agulhas de crochê de sua infância com sua avó), mordaça transparente, algemas em grande cubo de acrílico, tudo isso nos fala de um inumano em direção a uma fusão com a natureza. A violência precisa encarnar e converter-se em substância.

Já em Sade, "o mal, para ser belo, precisa ser feminino", mostra-nos Octavio Paz (1999, p. 61). Os cortinados de Nazareth Pacheco, feito de lâminas de barbear, suas joias cortantes, dão concretude ao belo mal que só pode ser feminino. Perigosa sedução. Transcendência da própria vida, a entrega total é morte. Na exposição "Transcendências", Nazareth Pacheco expôs um berço construído em acrílico transparente com o cortinado cortante. Relata, como em seu percurso, a pesquisa sobre sua gestação e como o estar viva foi "uma possibilidade de transcender os próprios limites da vida" (Pacheco, 2002, p. 63). O homem sempre cria sua realidade, ele não é realidade. A consciência radical do corpo é afirmação da vida. Transcender os próprios limites da vida é pura libertinagem: "o libertino deve inventar uma situação que seja simultaneamente, de absoluta dependência e de infinita mobilidade" (Paz, 1999, p. 81).[5] A libertinagem é a busca de um mais além das sensações, a insensibilidade aperfeiçoa, é ferramenta de destruição. Nazareth Pacheco manipula lâminas e se fere. Vence a matéria inanimada.

Mas a matéria plástica de Nazareth Pacheco é o invisível, o mundo das sensações. Em seu trabalho, vai manipulando nossas sensações e nos propondo novos mundos. Mundos descobertos através de cortinados doloridos, mundos descobertos no informe da dor. Sensação radicalizada, animalizante.

E, agora, unindo seus instrumentos de tortura e seus vestidos e joias de universos femininos, a cama aparece com o cortinado de

---

5 *Apud* Moraes, 2002, p. 161.

miçangas e lâminas cortantes. O ato sacrificial ritualizado, cama de vida e cama do morto – a morte é signo de vida. Anatomia humana em metamorfoses, a figura humana é sacrificada. Nós somos sacrificados.

"O ato erótico passa a ser uma cerimônia que se realiza de costas para a sociedade e diante de uma natureza que jamais contempla a representação. Em nossa muda contemplação, ficamos nós de costas para a civilização" (Paz, 1999, p. 32).

Catacumba, quarto de hotel, cabana na montanha, cada um que fabrique o seu gozo impossível, fusão mortal. O ato erótico nega o mundo – nada real nos rodeia, exceto nossos fantasmas. São nossos fantasmas os personagens de Nazareth Pacheco. Passamos a ser estrangeiros de nós mesmos, estraçalhados em nossa indestrutibilidade, reduzidos a ser apenas mais uma espécie animal no universo infinito.

Referências

Moraes, E. R. (2017). *O corpo impossível*. Iluminuras.

Pacheco, N. (2002). *Objetos sedutores* (Dissertação de mestrado). ECA-USP.

Paz, O. (1999). *Um mais além erótico: Sade*. Mandarim.

Parte VI

Isso, aquilo e aquilo outro

2004

Você faz a diferença

2005

Afirmando a vida

2022

11. A tragédia cotidiana do preconceito

Em 2003 fui procurada pelo programa São Paulo, Educando pela Diferença para a Igualdade para a realização de dois documentários. Era um projeto idealizado pela Universidade Federal de São Carlos (UFSCar). Mais especificamente pelo Núcleo de Estudos Abro-Brasileiros (NEAB). A meta era colocar em discussão a questão racial dentro das salas de aula nas escolas estaduais. Visava-se primordialmente a discriminação étnica. Daí surgiu o primeiro documentário, *Isso, aquilo e aquilo outro*,[1] que aborda o preconceito de forma ampla, e o *Você faz a diferença*,[2] que aborda mais especificamente o racismo e tem como público-alvo os professores do ensino médio.

Fui transformada por esse processo todo. Eu não tinha a clareza que foi se instalando em relação às cotas para negros e indígenas. Foi fazendo o documentário que vi a concretude da discriminação racial.

---

1 *Isso, aquilo e aquilo outro*. Direção: Miriam Chnaiderman, 26 minutos, 2004.
2 *Você faz a diferença*. Direção: Miriam Chnaiderman, 18 minutos, 2005.

Mais uma vez, eu trabalhava com aquilo que, em nosso mundo, é colocado embaixo do tapete... afinal, o Brasil é o país da mestiçagem, da democracia racial... E fui surpreendida pela dor de Tião, pela tortura vivida pelo simples fato de ser negro... Fui apreendendo que, entre crianças pequenas, os negros são discriminados. E fiquei orgulhosa de, através de meu trabalho, poder contribuir pela dignidade nas diferenças.

Entre 2008 e 2009 fui contratada para fazer um documentário pelo Brasil afora sobre a implementação das cotas nas universidades federais. Filmei o V Copene, congresso que reunia pesquisadores negros, em Goiânia, em 2008. Em 2009 fomos, eu e a minha equipe, a São Carlos (UFSCar) e a Salvador (Universidade Federal da Bahia – UFBA). Esse documentário não foi finalizado naquele momento, pois a Ford Foundation, que patrocinou vários projetos relacionados às ações afirmativas, passou a ter outras prioridades. Cheguei a editar o documentário que ficaria na minha gaveta até 2021.

Em 2021, em plena pandemia, recebo o pedido para realização de um documentário como parte do projeto de pesquisa "Transnacionalismo e proposta curricular para a educação das relações étnico-raciais e da diferença na educação". Quando Anete Abramowicz propôs ao CNPq essa pesquisa, alguns anos antes, o documentário era parte do projeto, que acompanhava estudantes negros em diferentes países. A ideia era fazer um registro que refletisse esse processo transcultural. Claro que o financiamento que o CNPq propiciou foi ínfimo e, evidentemente, esse documentário não aconteceu... Aconteceu a pesquisa nos moldes possíveis... Eram tempos em que o fascismo dominava os órgãos federais que patrocinavam a pesquisa.

A verba de que dispunham era, então, irrisória. Mas, com o material captado em 2007 e 2008 pelo Brasil afora, fui buscar, catorze anos depois, as pessoas que haviam dado depoimento. E consegui achar algumas... Como era a pandemia, pedi que gravassem seus depoimentos em seus celulares e me enviassem. Assim nasceu o documentário *Afirmando a vida*.

12. Intervindo no mundo, participando do programa Educando pela Diferença para a Igualdade: minorias, discriminação étnica, preconceito, miséria... da tragédia cotidiana a uma ética da alteridade[1]

Introdução

Em outubro de 2004 conheci o projeto Educando pela Diferença para a Igualdade.[2] Fui procurada por dois dos seus idealizadores para fazer um vídeo que seria parte de um curso transmitido online, cujo objetivo era instrumentar professores da rede pública para lidar com a questão do preconceito em sala de aula. Na proposta era acentuado o papel da escola e do educador diante da diversidade. O pressuposto era de que o educador não é preparado para lidar com a alteridade, não recebeu essa formação.

O próximo módulo deveria iniciar-se em poucas semanas. O foco deveria ser a discriminação étnica na sala de aula, pois todo o projeto é focado na questão da educação.

---

1 Este texto foi inicialmente publicado na coletânea *Afirmando diferenças: montando o quebra-cabeças da diversidade na escola*, organizado por Anete Abramowicz e Valter Roberto Silvério (Papirus, 2005).

2 Esse projeto foi idealizado pelo Núcleo de Estudos Afro-brasileiros da Universidade Federal de São Carlos (UFSCar).

O documentário que, segundo me disseram, levou a me procurar fora *Artesãos da morte*, em que eu entrevistava trabalhadores que, no dia a dia, tocam o cadáver. Em todos meus documentários, o que me norteava era abordar temas em geral sem espaço em nossa cultura, temas-tabu. Como psicanalista que faz cinema, isso de desvelar o que não é visto passou a ser minha bússola. Assim fui convocada a trabalhar a questão do racismo em uma sociedade falsamente vista como realizando a democracia racial.

O desafio

A demanda de um vídeo a ser discutido por professores da rede pública focando a questão do preconceito e, mais especificamente, a discriminação étnica vinha em um momento todo especial – um momento em que as cotas para negros passara a ocupar as discussões nos mais variados espaços da nossa cultura, universidades, jornais, teatro, cinema etc. Eu mesma, participando de debates em torno de peças de teatro dentro de universidades, presenciara como, sem mais nem menos, sob qualquer pretexto, a discussão desembocava na questão das cotas.

Testemunhei alunos negros manifestando-se contra as cotas, afinal eles haviam batalhado tanto por seu lugar na universidade... Ou pessoas esclarecidas afirmando que as cotas reafirmariam a questão racial, partiriam de um *a priori* racial. Seria preciso batalhar por cotas para egressos de escolas públicas, e não cotas para negros.

Perdida em meio a tantas diferentes posições, eu apenas tinha clareza de que queria fazer um vídeo onde deveria abordar a questão das diferenças da maneira mais ampla possível. Eu queria falar da dificuldade em relação a qualquer alteridade, a dificuldade com a diferença. Pensava que a questão étnica era apenas um dos casos, com uma história atroz, de discriminação.

Hoje, entre os requisitos para entrar em uma universidade está o preenchimento de um formulário onde cada um deve declarar se é negro, branco ou amarelo, quilombola ou indígena. Retrocesso ou avanço? O que se busca nessa declaração de pertinência racial? É claro que a exigência de uma declaração como essa está ligada à questão das cotas para negros, à necessidade cada vez maior de positivar diferenças até então negadas. Mas reduzir essas diferenças à questão racial parecia problemático.

Início do processo

Constituída a equipe, escolhido o diretor de fotografia e o técnico de som, com um roteiro básico, partimos para nossa aventura. Queríamos tentar mostrar a presença silenciosa do preconceito em uma cidade como São Paulo: quantos negros frequentam o Parque do Ibirapuera, quantos negros são vistos em uma fila de um cinema de bairro? Em um restaurante de um bairro classe média alta, você encontra negros? A ideia era ir até escolas de diferentes pontos da cidade de São Paulo, entrevistar o maior número de professores que conseguíssemos, procurar ouvir lideranças do movimento negro. Mas eu queria ouvir também homossexuais, judeus, japoneses, psiquiatrizados etc.

Nosso primeiro dia de filmagem, por conveniência de produção, foi no Jardim Ângela, periferia de São Paulo. E Tião e Sueli, líderes comunitários que batalham por causas da terceira idade, foram nossos primeiros entrevistados. Tião chegou com seu violão e a entrevista começou com a canção "Chalana", que, de fato, acabou iniciando o vídeo. Uma enorme emoção... aquele cantinho de um pátio em meio a uma cidade-dormitório, o dia ensolarado... o cabelo branco de Tião, sua expressão doce e sofrida, o olhar perspicaz de Sueli. A vida sofrida vai aparecendo, o papel da igreja, a luta por um espaço no mundo. A militância de Tião não é no movimento negro, a sua solidariedade é para com todos os oprimidos do cosmos. Mas suas histórias são de um negro que, durante a vida, pagou caro a cor da pele: "O negro idoso sofre muito mais... o netinho que é 'avião' nas drogas, a aposentadoria do avô vai dançar...". Em meio ao depoimento de Tião, este relato pungente:

> *Eu era metalúrgico, trabalhava em polimento. Uma vez, indo pra casa, o motorista parou para fechar a porta do ônibus. Naquela época o motorista enchia ônibus. O guarda disse que era eu que tava atrapalhando, me pôs pra fora e eu fiquei na mão dos policiais. Foi aquele sofrimento, aquela tortura, bateu, ameaçou. Puxava a faca, encostava até aqui e falava: "Vou te jogar no rio". Aquela coisa toda, aquela tortura toda. Aí eles me soltaram, fiquei olhando assim muito pra eles. Ele disse: "o que você tá olhando?" Eu disse: "você pegou a pessoa errada". Ele falou: "A gente não erra, se a gente falar que é, é". Nisso, uma pessoa me reconheceu, uma pessoa me viu e ele tava dentro do ônibus. Essa pessoa que me reconheceu falou para o padre. O padre falou: "Mas o Tião?" Pegou e foi à secretaria, fez queixa. O advogado pediu a minha ficha. Chegou lá e tinha uma ficha grande, que eu tava emaconhado, que tava isso e aquilo, provocando meio mundo dentro do ônibus. O padre falou "Eu conheço o Tião já há uns quinze anos, nunca vi ele beber". Chegou a um ponto que eles falaram: "É porque você é negro. Só pode ser".*

A questão da cor da pele não está em primeiro plano na fala de Tião e Sueli. Mas é presente a todo momento. No olhar sofrido de Tião, a dor de toda uma história de humilhação. A solidariedade com os oprimidos do universo se dá a partir de uma vivência atroz de falta de lugar em um mundo dominado por brancos. Aqui, nesse cantinho do mundo, tão perto da violência das drogas, das mortes matadas e não morridas, a questão da negritude vai junto com a miséria, com a luta pela sobrevivência.

Pequena reflexão

Sabemos hoje o quanto é questionado o conceito de "raça", sabemos que as raças não existem. Mas o racismo é algo absolutamente presente em nosso mundo. Hoje, as lutas das etnias, das nacionalidades vêm colocar em primeiro plano o narcisismo das pequenas diferenças. Aqui no Brasil cada vez mais é questionada a tão propagada democracia racial.[3] Em texto que publiquei na coletânea *Raça e diversidade*, eu contava de um debate meu com Leonardo Boff do qual eu participara, os "Diálogos impertinentes". Ali eu dizia: "Recentemente fui debatedora nos Diálogos Impertinentes, evento promovido pela *Folha de São Paulo* e PUC/SP. Debati com Leonardo Boff, uma pessoa esclarecida, com um importante papel na luta pelos direitos humanos. Durante o debate ele afirmou que uma das coisas que ele elogia no Brasil é a possibilidade da convivência de diferentes raças" (Chnaiderman, 1996). Será que Leonardo Boff nunca ouviu relatos como o de Tião?

---

3 Hoje, as lutas identitárias têm sido muito fortes e necessárias.

Na escola

Nosso primeiro contato com a escola, nesse vídeo, aconteceu através de Tião. Fomos apresentados ao trabalho da horta comunitária que acontece em espaços não ocupados nas escolas da rede pública, locais que, em geral, seriam utilizados para uso e comercialização de drogas. São espaços, lá no Jardim Ângela, onde as pessoas da terceira idade se encontram para plantar e relembrar o tempo da roça, antes de virem lutar pela vida em São Paulo. O produto pode ser vendido ou utilizado para consumo próprio. Enquanto visitávamos a rocinha em meio à escola, as crianças ocupavam o campo de futebol e outros espaços. Era um sábado e pudemos dimensionar a importância de poder ter a escola como espaço de lazer – naqueles mundos onde os índices da violência são tão assustadores, sabemos da necessidade de espaços alternativos aos bares e locais de consumo de drogas. Saímos com as mãos carregadas de espinafres e outras verdurinhas orgulhosamente oferecidas a nós.

Em seguida, tínhamos encontro marcado com um grupo de professores na Escola Estadual José Lins do Rego. Os muros das escolas naquela região são pintados com cores vivas, contrastando com a cor acinzentada das construções em volta... Naquele sábado, naquela escola, um som de *rap* dominava o ambiente. Três professores nos esperavam – o de física, o de biologia e a diretora, que é professora de artes. Fomos até uma sala de aula, empoeirada, demos uma pequena ajeitada pensando na filmagem, e começamos nossa surpreendente conversa. Já como ponto de partida para o bate-papo, fizeram questão de marcar que o preconceito em relação ao racismo não é o problema mais importante que enfrentam na escola. Acentuam a importância do trabalho com o preconceito na medida em que é fonte de violência e demarcam a orientação sexual como questão emergente. Afirmam que hoje em dia não é politicamente correto ser racista, mas fazer piada sobre homossexuais, travestis etc. ainda é bem-aceito: "Pouca gente tem coragem de discriminar os negros, mas tranquilamente discriminam o homossexual". É tocante o relato da violência sofrida por um rapaz assumidamente homossexual: eram cusparadas, situações de humilhação. A escola teve que se posicionar. A diretora relata que foi procurada por duas alunas para colocar um painel LGBTQIA+ e confessa que não soube como se comportar e "enrolou as meninas até o final do ano...".

Falaram também do preconceito religioso – "para os evangélicos, o candomblé não é uma coisa de Deus". Falaram também do preconceito em relação ao pobre, do preconceito em relação aos moradores do Jardim Ângela – a cidade divide-se "da ponte pra lá e da ponte pra cá...". Citando: "Fala-se muito em preconceito racial. O maior preconceito é em relação à pessoa ser pobre, da pessoa ser da periferia... alguns nascem do lado de cá, não têm os privilégios de quem nasce do lado de lá". Em meio a tudo isso, o relato sobre o professor de filosofia que chega na sala de aula e pergunta: "Quem daqui pode dizer que é negro? Apenas três alunos ergueram a mão, envergonhadamente".

Impressiona a lucidez desses professores e a sensibilidade para a questão das diferenças. A meta da escola é proporcionar uma celebração à vida em um lugar onde os assassinatos fazem parte do cotidiano. Colocam claramente o quanto querem, em sala de aula, "a contemplação da diversidade e o estímulo à aceitação do outro". Esse é o jeito que encontram, segundo suas palavras, de construir um futuro melhor. Acentuam o quanto devem trabalhar nisso tudo, num doloroso reconhecimento dos próprios limites. Sabemos o quanto hoje, nas escolas, é, de fato, uma questão relevante as orientações sexuais e o espaço para toda e qualquer diferença. Mesmo a inclusão do deficiente físico traz a questão da diferença para um primeiro plano.

Mas há ambiguidade no discurso dos professores em relação à discriminação étnica – notamos o esforço para ampliar a questão da discriminação, mas por que será que apenas três crianças erguem o braço envergonhadamente quando o professor pergunta sobre quem é negro na sala de aula? Se, como o professor diz, "somos todos negros ou quase todos negros", já nos dizia Caetano Veloso... Há uma questão que parece ir além da boa intenção dos professores, uma questão que os transcende, mas que, como professores, são obrigados a trabalhar: o negro envergonha-se de ser negro em um mundo dominado pelo branco.

Existe o preconceito na periferia?

A posição dos professores ainda poderia ser respaldada por uma fala bastante comum, não só entre os que moram na periferia: diante de necessidades básicas do dia a dia, a questão do preconceito deixaria de existir. Há pesquisas que mostram como na periferia as relações de vizinhança são muito mais presentes do que em bairros de classe média ou classe alta. É muito mais comum pedir açúcar ou sal para o vizinho, deixar uma criança para poder ir ao médico etc. E isso independentemente de raça, sexo ou seja lá o que for...

É essa a posição do padre Reinaldo, que tem sua paróquia no coração de Capão Redondo, uma das regiões mais violentas da periferia de São Paulo. O lugar que padre Reinaldo criou, a sua igreja, é toda pintada por artistas da região, é um oásis com suas imagens coloridas em meio ao amontoado cinza. Padre Reinaldo tem um olhar doce e afirma: "sou de descendência japonesa, mas é bom frisar que sou brasileiro, sou daqui de São Paulo". Relata que sempre conviveu com negros, desde a infância, não percebia essa discriminação, o racismo, pois entre as pessoas humildes a convivência é muito misturada. Padre Reinaldo afirma que na periferia não existe o racismo. Mas, quando chegou lá, as pessoas se dirigiam a ele referindo-se à sua origem: "... ô, japinha...!". Relata: "Na cabeça de muita gente tinha essa pergunta, o que é que esse japonês tá fazendo aqui, nesse lugar... À medida que iam percebendo que era o padre com cara de japonês que está aqui trabalhando, o relacionamento mudou".

Padre Reinaldo tem uma grande lucidez em relação às questões da igreja, pois sabe que isso (a questão do preconceito) não é tão tranquilo como deveria ser: "a questão do racismo, da discriminação, o nordestino, o deficiente físico, o homossexual, enfim, com relação àquele que é diferente, alguém que vive uma vida diferente". Como sacerdote, quer mostrar que, perante a doutrina de Jesus Cristo, "somos todos iguais".

Já José Gabriel, da ONG Cio da Terra, não tem dúvida de que o racismo existe, mesmo na periferia. Exemplifica afirmando que, se alguém está caminhando à noite em uma rua lá do Jardim Ângela e cruza com um branco, simplesmente continua. Se cruza com um negro, vai atravessar para o outro lado da rua.

José Gabriel apresentou-nos a Timbalata, onde crianças tocam os instrumentos construídos a partir de lixo reciclado.

Andar pelos confins do Jardim Ângela, no bairro que ironicamente se chama Copacabana, atravessar tiroteios, corpos cobertos no meio da rua, e chegar na Timbalata, foi muito impactante. Antes de mais nada, pela força do batuque, pela alegria das crianças tocando e nos recebendo. Depois, pelo alento de esperança que aquele som trazia.

Lazer: parques e shopping center

No dia seguinte, iniciamos nossa pesquisa e filmagem pelos bairros centrais e os jardins de São Paulo. Já logo de saída, a zeladora negra de um prédio de classe média em Higienópolis afirma nunca ter vivido esse problema de discriminação, "tudo que está em cima de mim Deus colocou da melhor maneira... Eu me adoro". Seu cabelo em trancinhas, a boca carnuda, o edifício reluz e ela se orgulha.

Depois, um giro pelas padarias onde as pessoas tomam seu domingueiro café da manhã. Nem mesmo entre os empregados há negros.

No Parque do Ibirapuera, pouquíssimos negros. Apenas o bicicleteiro "Maizena". Uma usuária do parque fala de sua luta como mulher e negra. Marca o fato de que "o parque é aberto a todos...". Completa: "...só não vai quem não quer...". Será?

Depois, a ida ao *shopping center*, onde conhecemos a estilista Natália, que não gosta de branco... Conta que, uma vez, em uma loja, jogou na cara do vendedor que é estilista, pois se sentiu maltratada. "Tem que ser de preto para preto, o preto tem que ser preto, tem que pôr roupa pra preto." Natália horroriza-se com os manequins brancos e vibra com os de cor negra – "mulher negra é mais popozuda, o negro tem mais...".

Jeitos de lidar com a humilhação, aquilo que a psicanálise denominou de "identificação com o agressor". Ou o que Sartre denominou como o único racismo aceitável, o "racismo antirracismo". Mas, de qualquer modo, o racismo.

Breve reflexão

Rouanet (2003), em seu texto "O Eros das diferenças", propõe uma crítica a qualquer luta que tenha como bandeira a tolerância: embora deva haver um "cessar-fogo na guerra das diferenças", as diferenças não devem ser apenas toleradas, o que levaria a um sistema de guetos. Propõe que as diferenças conversem entre si e evitem qualquer enquadramento que passe pela religião. Rouanet não quer abandonar o sonho do convívio solidário na diferença.

Natália não propõe o convívio com as diferenças nem pede a tolerância. Quando perguntamos se casaria com um branco, deu uma cheiradinha no ar, fez cara de nojo e disse que "era questão de gosto", como "uma comida que você gosta mais de umas do que de outras". Quando entra em um ambiente já fica feliz quando sente "cheiro de negro".

Pode haver aí uma compreensão inadequada do que seria a positivação das diferenças. Má compreensão porque o que vemos em Natália é a subjetivação do ressentimento, do desejo de vingança por tantos séculos de opressão. Não é uma posição política, de maneira alguma. Embora Natália participe ativamente do movimento do *hip-hop* e afirme que quer fazer roupas de negro para negro – "o negro gosta da cor espalhafatosa... o que me importa é a opinião do negro..."

"Preto fedido"

Em uma lanchonete tipo "boteco", Nil, professor de história, conta de um aluno que o chamou de "preto fedido" e da raiva que sentiu, que gritava tanto para o aluno, pois não era preto e sim negro. O fato de ter sido chamado de "fedido" desaparecia diante do palavrão "preto". Como se a palavra "preto" trouxesse consigo o preconceito econômico, social. E "negro" fosse já uma conquista. Lembrei que Natália falava com orgulho a expressão "de preto para preto".

Nil fala do negro como objeto sexual, negro só serve para... Do medo que sente quando envia seu currículo para alguma escola. Sempre que é recusado, sente-se discriminado.

O dono da lanchonete afirma que cumpre rigorosamente a lei que manda ter um ou dois empregados da cor negra... Cumpre rigorosamente a lei e tem um ou dois empregados da cor negra.

Outra brevíssima reflexão

Lembrei da afirmação de Sartre em "Orfeu negro" em que conta a ausência de uma língua comum entre os negros. A rebelião acontece na língua do opressor. Lembrei da importância da língua ídiche na Diáspora dos judeus, das canções dos campos de concentração, dos livros libertários ou da oralidade afetiva, de expressões engraçadas. A importância da preservação de uma língua comum. De fato, o movimento negro ganha características únicas nisso de não ter uma língua preservada. Algo que tem a ver com a especificidade de sua história – já tinham várias línguas quando chegaram ao Brasil, provinham de diferentes tribos. Roger Bastide (1971) conta como uma das formas de manter o negro humilhado era misturar as várias tribos e dificultar a comunicação entre eles.

Nas bordas, a rua

Em nossos percursos chegamos até Claudinho, que, de sua cadeira de rodas, vende balas nos semáforos de Higienópolis, bairro bastante abastado da cidade de São Paulo. Claudinho é negro e deficiente físico. Sua alegria é contagiante. Inundou-nos com suas histórias, sorrindo contou de tombos e chuvas, sem que ninguém lhe estendesse a mão.

No centrão de São Paulo, visitamos a Galeria do Rock, que é apresentada pelo síndico como um espaço *underground*, que mistura raças e classes. No andar de baixo, vários cabelereiros *blacks* receberam-nos festivamente.

Politizando a questão

Os depoimentos mais politizados aconteceram no estúdio.

Luis, sociólogo e jornalista, inicia lembrando da pesquisa na qual os entrevistados afirmavam não serem racistas, mas todos conheciam racistas. Então, conclui ele, "Ou ninguém é racista ou todo mundo é...". Acredita que todo mundo seja. Para Luis, ser negro é, antes de mais nada, uma questão política. Afirma que quer o Brasil todo como indenização ao seu povo. Conta como na infância e adolescência era "ímã de camburão". Luis é de uma lucidez cortante.

Beth, da ONG Fala Preta, também inicia sua fala apontando o fato de que vivemos em uma sociedade esquizógena, com a dupla mensagem de que existe e não existe o racismo. Fala de como sentia raiva e via os professores não sabendo lidar com a questão do preconceito.

Também o depoimento de Luis, o estilista homossexual, é comovente – as cenas de violência que relata são atrozes.

Hugueta, regente do coral de música ídiche, define com lucidez o preconceito: "é não suportar o que é diferente de você".

As diferenças vão se delineando, a psiquiatrizada fala de como sofreu no seu trabalho quando começou a tomar remédio, fala de seu grupo de teatro, o Ueinz, de como voltou a se sentir gente participando do grupo de teatro. Um casal, formado por um baiano e uma japonesa, fala de seu orgulho ao colocar os filhos na escola japonesa. São donos de um importante restaurante japonês em São Paulo e o baiano é mais japonês do que sua mulher japonesa.

Juvenal, o psiquiatra, relata como ninguém, nos lugares em que trabalha, o trata como médico. Perdeu sua namorada por ser negro e mais velho.

Montando o vídeo Isso, aquilo e aquilo outro

Estávamos com nove horas gravadas, e um enorme desfile de diferenças vividas e sofridas. A ordenação das imagens surge de um grande mergulho no material captado. Foi ficando clara a tradição guerreira do movimento negro e o quanto qualquer luta pelo respeito à diferença tem que tomar em consideração essa história. Nesse sentido, esse movimento é a vanguarda de toda uma bandeira de luta do contemporâneo em que palavras de ordem como diversidade, diferença, multiplicidade ganham contornos de importantes movimentos sociais.

Havíamos mapeado São Paulo, visitado a periferia, percorrido as ruas. Colhemos depoimentos impressionantes. Assim, no vai e vem das muitas falas, na nossa atenção flutuante de analistas, fomos fazendo a livre associação imagética e construindo o vídeo.

Ao fim e ao cabo, o que me norteou foi a cartografia de afetos ligados à discriminação, formas de lidar com a humilhação e com um real do corpo. Desde Natália vingativa à postura construtiva de Luis sociólogo, a transformação da raiva em militância política em Beth, a desconfiança da atriz Elisa que conta da piadinha sutil sobre judeus que um professor falou em sala de aula, os casamentos mistos, a sabedoria constrita de Juvenal.

A discussão sobre cotas para negros fez parte de todos os encontros e as posições se dividiram, mostrando a complexidade da questão. O que permanece é o medo que os negros têm de mais uma vez serem enganados – quem é o negro? É uma questão de cor ou de descendência?

O terror é da repetição, repetição de outros genocídios, o alerta vem de Beth, que já estão acontecendo.

Pensando sobre tudo isso...

Lacan, para dar conta da diferença entre o homem e a mulher, ou seja, para dar conta de algo que está no corpo, no que ele nomeia como sendo o real do corpo, teve que pensar em uma impossibilidade de nomeação, algo que não é simbolizável. Se constatamos que a diferença está presente nos humanos enquanto possibilidade de constituição de uma singularidade, de um devir sujeito psíquico, concluiremos que em todo devir sujeito há algo do não simbolizável. Daí a afirmação de Sartre (1965) de que "há uma negrura secreta do branco, uma brancura secreta do negro, um pestanejamento paralisado do ser e não ser..." (p. 107).

Luis, o jornalista, afirmou em seu depoimento que "ser negro é diferente de ser judeu, japonês", diferente de qualquer minoria, pois as pessoas vão olhar, antes de mais nada, se o sujeito é branco.

Sartre (1965), refletindo sobre o judaísmo, acaba concluindo que "o judeu é um homem que os outros homens consideram judeu" (p. 42). Mas o negro é negro e o conceito de mestiçagem vêm apenas camuflar essa realidade. Ironizando, Luis conta que ficava se indagando se Luis Gonzaga era negro, quem era negro. E resolve a questão lucidamente afirmando que "ser negro é uma questão política".

Citando novamente Sartre (1965): "Os semblantes negros, estas manchas de noite que obsidiam nossos dias, encarnam o obscuro trabalho da negatividade que rói pacientemente os conceitos". Conclui, logo a seguir: "A liberdade é cor da noite" (p. 108). Liberdade de um além da fala, presença inelutável de um real do corpo levando a uma libertação de qualquer formalismo. Algo irrompe na linguagem, na questão das diferenças. Daí o esforço de uma cultura fonocêntrica em aprisionar o gesto que resgata a escritura de corpos rodopiando "qual um dervixe, instalando em si o tempo dos antepassados" (Sartre, 1965, p. 109).

Um outro em mim e/ou um outro eu

Em ensaio que publiquei na coletânea *Racismo e diversidade* (Chnaiderman, 1996), eu afirmava que o racismo não tinha a ver com a questão das diferenças. Pelo contrário, o que exaspera é ver o outro como muito parecido, e por isso tornar-se o mesmo. A diferença protege a identidade. Nós nos definimos sempre em relação a um diferente, pela comparação. A diferença é tranquilizadora. Só quando alguém se vê ameaçado na identidade é que precisa carimbar uma estrela de David amarela na roupa do judeu, precisa ressaltar a cor e outros artifícios mais absurdos. É no momento que se tem medo de perder a identidade, de uma perda de contorno próprio, que se precisa definir algo que é diferente no outro. É a união do diferente no mesmo que leva a suportar mal o fato de ser o mesmo que se mostra em diferentes estados. O que acontece é que se fabrica – do modo mais arbitrário, com os meios que se tem à mão – um outro. Na marra. Eu recorria ao conceito freudiano do "estranhamente familiar" para pensar essas questões. Citando: "O estranhamente familiar fala de algo em cada um que é desconhecido e sobre o qual não se tem qualquer controle". E mais adiante: "isso que é vivido como um estranho que sou eu" (Chnaiderman, 1996, p. 85).

De fato, o conceito de "estranhamente familiar" vem questionar qualquer concepção unificadora de identidade. Maria Lucia Montes (1996), no seu artigo "Raça e identidade: entre o espelho, a invenção e a ideologia", faz uma crítica absolutamente pertinente a um tal conceito de identidade, que coloca como sendo "reificador". O ponto de partida de Montes é o livro de Manuela Carneiro da Cunha *Os mortos e os outros* (1978), em que é feita uma discussão sobre a noção de pessoa. Para entender o que é pessoa, é preciso entender a ordenação das relações socais. Na sociedade Krahó, analisada por M. C. Cunha, é feita uma diferença entre amigos formais e companheiros. Os amigos formais são designados e não escolhidos. São relações regulamentadas: deve haver respeito, deferência e solidariedade. Mas sempre em situações especiais, já que no cotidiano há evitação dessas relações. Ao mesmo tempo, entre os parentes há um convívio informal, característico de relações jocosas. Citando M. L. Montes (1996):

> *Esse estranho absoluto que é o amigo formal é alguém de quem não se deve chegar perto, embora esteja o tempo inteiro preocupado com aquilo de que ele necessita, que ele quer ou deseja; mas não se vai nunca perguntar isso a ele, sendo sempre através de terceiros que seu amigo vai manter-se informado. E o outro faz a mesma coisa. (p. 56)*

Na sociedade Krahó, o amigo formal é "um outro em mim", uma forma de se ver na figura desse outro. Daí a necessidade de distância.

Já com os companheiros há um convívio cotidiano bastante livre: são crianças que nasceram na mesma época, passaram pelos mesmos rituais de iniciação, brincaram e realizaram tarefas em comum. Quando adultas, serão corresponsáveis por certas funções públicas. Tudo isso só muda com o casamento, mas os filhos terão o mesmo tipo de relação. O convívio é extremamente próximo, são "um outro eu".

Nesses dados vai aparecendo como o processo de identificação só pode se dar no reconhecimento da alteridade, e não é possível falar de identidade sem pensar em processo de identificação. Afirma:

> *se todo processo de criação de identidade é um processo de reconhecimento da alteridade, em relação à qual vou constituir e afirmar minha própria identidade – "um eu outro", ou "um outro eu" como no modelo Krahó – é preciso pensar que diferentes contextos e situações vão configurar alteridades distintas. (Montes, 1996, p. 57)*

Para Maria Lúcia Montes não é possível entender o que significa identidade fora desse processo efetivamente político de afirmação e ressignificação das diferenças.

Quando tomava a noção do "estranhamente familiar" para refletir sobre o racismo, o ponto de partida era o mundo interno. Não tomava em consideração que "a subjetivação se faz por 'dobras'": "o homem não dobra as forças que o compõem sem que o próprio lado de fora se dobre e escave um Si no homem" (Deleuze, 1995, p. 11).

É preciso que tomemos a noção deleuziana de dobra para repensarmos o racismo, para podermos denunciar um fora estrangulador de muitos Si(s).

Só com essa constatação triste poderemos entender a importância de políticas reparadoras em um contexto em que qualquer ato de nomeação do passado tem o sentido necessário de evitar a repetição.

Dentro das escolas, a surpresa

Fiz um segundo documentário para o programa Educando pela Diferença para a Igualdade. Agora, a demanda era percorrer escolas tanto na cidade de São Paulo quanto fora, no interior ou litoral. Começamos pela cidade de São Paulo, em um bairro da periferia, Zona Sul. Conversamos com professores negros, seu lindo trabalho de tentar passar uma história afro-brasileira, de marcar a luta para poder fazer a faculdade, ao mesmo tempo que as mães trabalhavam em casas de família. Afinal, várias mulheres negras nos repetiram: "O esperado para qualquer mulher negra é que ocupe o lugar da cozinha trabalhando para famílias brancas...".

No interior, na região de Barretos, as crianças nos contavam histórias atrozes, ocorridas entre seus colegas: "teu cabelo é feio", "não posso ser seu amigo porque você é preto"... Mas, em uma cidadezinha perdida, com exuberante vegetação verde, em uma escola estadual perdida, a reunião dos alunos surpreende, não teve como não chorar... O menininho negro: "Não é só porque é negro que meu pai, um dia, não vai poder ser dono de uma padaria...". E a professora dizendo de sua responsabilidade em fazer aparecer aquilo que está camuflado, que é preciso enfrentar a discriminação e o preconceito.

Foi uma lição de vida realizar o vídeo *Você faz a diferença*.

Quando vemos crianças tão pequenas serem vítimas de um preconceito tão arraigado, somos obrigados a nos repensar em nossas certezas. O movimento negro passou a ser ressignificado e sua importância exemplar se fez forte.

Referências

Bastide, R. (1971). *As religiões africanas no Brasil*. Livraria Pioneira.

Chnaiderman, M. (1996). Racismo, o estranhamente familiar: uma abordagem psicanalítica. In L. M. Schwarcz & R. S. Queiroz (Orgs.), *Raça e diversidade* (pp. 83-95). Edusp.

Deleuze, G. (1995). *Foucault*. Brasiliense.

Montes, M. L. (1996). Raça e identidade: entre o espelho, a invenção e a ideologia. In L. M. Schwarcz & R. S. Queiroz, *Raça e diversidade* (pp. 47-76). Edusp.

Rouanet, P. S. (2003, 9 de fevereiro). O Eros das diferenças. *Folha de S.Paulo*, Caderno Mais.

Sartre, J. P. (1965). *Reflexões sobre o racismo*. Difusão Européia do Livro.

13. *Afirmando a vida*: por uma psicanálise pintada de urucum e jenipapo[1]

Finalizei em 2022 o documentário *Afirmando a vida*, um vídeo militante na luta pela prorrogação da Lei nº 12.711 que tornou obrigatória a política de cotas para negros, indígenas e quilombolas. Conto aqui a história nada linear desse vídeo e de como ele me colocou importantes questões sobre esse meu lugar de branca, judia, psicanalista e documentarista.

Esse documentário tem uma história

Em 2021, Anete Abramowicz me procura, propondo que, quase sem verba, eu realizasse um documentário para o site do projeto. O argumento era o meu histórico de ter produzido documentários que passaram a fazer parte da proposta educacional do Núcleo de Estudos Afro-brasileiros da UFSCar, que tinha como objetivo

---

1   Texto publicado originalmente no *Boletim Eletrônico do Departamento de Psicanálise*. https://boletimpsicanalise.sedes.org.br

instrumentar professores da rede pública para lidar com a questão do preconceito em sala de aula.

De fato, em outubro de 2004 eu conhecera o projeto São Paulo Educando pela Diferença para a Igualdade. Fui procurada para fazer um vídeo que seria parte do curso

Fiz dois vídeos: *Isso, aquilo e aquilo outro* e *Você faz a diferença*. No capítulo anterior faço o relato dessa experiência.

Agora, o momento era outro. Em 2011, a obrigatoriedade das cotas em universidades federais foi aprovada por dez anos. E, agora, 2021, dez anos passados, ela deveria ser prorrogada.

Como fazer um documentário em plena pandemia

No pedido do documentário a ser feito, a demanda de um vídeo que fosse parte da luta pela prorrogação da Lei nº 12.711/2012.

Era plena pandemia, não teria como me locomover para filmar. Nem tínhamos dinheiro. Foi quando me lembrei do documentário que ficara sem finalizar. Entre 2007 e 2008, eu havia filmado em Goiânia o V Congresso de Pesquisadores Negros (Copene) e entrevistara pessoas de todo o Brasil. Em 2008, filmei em Salvador, na UFBA, e em São Carlos, na UFSCar. Deram depoimentos vários beneficiários das cotas e também professores e reitores. A UFSCar tinha um vestibular específico para a população indígena. Não havia ainda a Lei nº 12.711 e era uma escolha de cada universidade a adoção das cotas. Lembrei, comovida, de uma indígena cantando na biblioteca da universidade em São Carlos. Uma canção em guarani que falava da comunidade, da pertinência.

Agora, 2021, diante da demanda de um documentário visando a luta pela permanência da Lei nº 12.711, surgiu a ideia de buscar as pessoas que haviam dado seus depoimentos entre 2007 e 2008, saber de seus paradeiros passados doze anos.

Eu tinha esse material filmado guardado por doze anos. As autorizações de imagem teriam que ser atualizadas. De qualquer modo, para usar esse material, eu deveria buscar as pessoas que deram depoimentos. E seria imensamente importante saber o que teria se passado com os estudantes passados esses doze anos. Decidi que teria que usar depoimentos enviados por WhatsApp.

Não foi nada fácil essa busca. Eu não tinha mais os endereços... apenas algumas indicações.

Fiz, junto com a equipe de professores que me contratou – Anete Abramowicz, Tatiane C. Rodrigues, Ana Cristina Juvenal da Cruz –, uma verdadeira pesquisa de detetive. Acionamos o prof. Jocélio Santos, de Salvador, que nos colocou em contato com um departamento encarregado de acompanhar alunos egressos e beneficiados pelas cotas. Assim cheguei em alguns depoentes de 2008. Sempre era uma emoção. E cheguei a Edinaldo Rodrigues, através de uma indígena que mora em Salvador e que afinal não deu depoimento.

Em um caderno que me acompanhou em Goiânia, cheguei até Bruno, que, em 2007, havia me comovido com seu depoimento.

Tinha um e-mail... escrevi com o seguinte assunto: esse e-mail é do Bruno? Por sorte, era! O depoimento dele em 2008 é contundente e o de 2021 também. Ana e Tatiane também me possibilitaram contatos fundamentais. Jacqueline Jaceguai foi um deles.

Jacqueline, em 2007, em Goiânia, no V Copene, havia contado de violências racistas terríveis. No dormitório da universidade

134 AFIRMANDO A VIDA

havia passado por um cuspe no rosto. As sequelas foram terríveis. Agora, em 2021, seu depoimento é potente, guerreiro. Fortíssimo!

Os encontros com Edinaldo

Em 2008, em São Carlos, na Federal, encontrei um grupo de três indígenas. Edinaldo Rodrigues era um deles. Era estudante de Psicologia. Contava como seu povo xukuru estava ameaçado. Os fazendeiros faziam mortes. O cacique deveria vir a São Carlos para uma fala, mas precisava de escolta o tempo todo.

O que me impressionou em Edinaldo foi sua lucidez: vinha para a universidade para poder transmitir ao seu povo a modernidade. A sobrevivência de seu povo dependia de se instrumentarem, com internet e todos os recursos do contemporâneo, para assim poderem manter suas tradições e história.

Transcrevo aqui dois momentos de Edinaldo: quando entrou na universidade e agora, em depoimento que enviou por WhatsApp.

Em 2008:

> *Já comecei a comprar alguns livros que tratavam de psicologia e foi um impacto muito grande as teorias. Eu tinha uma ideia de psicologia bem diferente daquela que comecei a ver dentro da universidade... não estava em harmonia com o desenvolvimento de todo um contexto.*

Em 2021:

Em 2008 eu ingressei na universidade através do programa de ações afirmativas. Um programa específico para candidatos indígenas da UFSCar (Universidade Federal de São Carlos). Que teve uma importância muito grande na minha vida, que foi a oportunidade de fazer um curso superior. Historicamente as populações mais pobres, negros, indígenas, tiveram poucas oportunidades de formação superior. Especificamente, pelo processo de exclusão. Sabemos que a construção da educação nesse país é elitizada. Ainda hoje perpetuam raízes dessa educação das elites. Mas os últimos anos têm sido marcados pelas lutas de populações que por muito tempo foram excluídas desse processo, e se colocaram à frente dessas questões por terem a oportunidade de entrarem numa universidade.

Eu vim de uma comunidade indígena. Tem um interesse de dar um retorno pra comunidade. Esse foi o objetivo.

Nesses mais de dez anos que se passaram, essa perspectiva continuou, embora tenha se adaptado à realidade. São outras realidades e necessidades. De acordo com as oportunidades que eu fui tendo nessa trajetória. Muita coisa aconteceu nesses dez, doze anos. A principal delas está ligada à minha atuação, à formação que eu tive e a oportunidade que estou tendo de atuar dentro do contexto da população indígena. Não diretamente com o que eu gostaria, mas muito próximo. Eu gostaria de estar mais presente principalmente nos projetos que buscam protagonizar a história, a vida do meu povo e dos povos indígenas. Não é um processo fácil mas, de alguma forma, eu tenho feito um trabalho de uma

*certa aproximação dessas questões, que é pensar proje-
tos que são específicos da saúde mental dos povos indígenas. Eu faço uma reflexão de uma atuação junto aos
povos indígenas, e que possa, de alguma forma, que-
brar paradigmas em relação ao que seria um cuidado
da saúde, mas junto a esses povos. De eu poder pensar
as interculturalidades, modos de vida e os projetos de
bem viver que são da própria comunidade inseridos no
processo de cura dos adoecimentos mentais. Esse talvez
seja um dos principais objetivos do meu trabalho com
a formação em psicologia dentro dessa perspectiva que
foi a oportunidade dada através do programa das ações
afirmativas. Esse programa tem uma importância muito grande pra mim, porque foi através desse programa
que eu tive a oportunidade de ter uma formação superior. Também de ter proporcionado a realização de um
sonho que era de voltar pra comunidade e atuar junto
ao meu povo. E, além disso, junto a outros povos e ter
novas experiências. E hoje, mais ainda, de pensar uma
psicologia pintada de jenipapo e urucum, que é uma
psicologia que pense também as questões indígenas e as
múltiplas diversidades.*

*É uma trajetória que desde a minha entrada na uni-
versidade eu busquei. Sempre esses objetivos que é a
formação e a formação já contemplar essas especifici-
dades das questões indígenas embora o curso não pro-
porcionasse isso. Mas, construir esse caminho e isso eu
consegui de alguma forma. E também consegui, assim que eu me formei, construir um caminho dentro
da saúde indígena que proporciona essa aproximação
com essa população indígena e com as diversidades ét-
nicas e culturais e também pensando na perspectiva de*

construção de algo que vai além de uma questão da psicologia, que é poder dialogar com outros saberes. Que são também psicologias outras que a gente precisa levar em consideração.

Reforçando a importância do programa de ações afirmativas para a inserção de uma população que historicamente ficou de fora das universidades pela falta de oportunidades. Sempre defendi que o que precisamos são de oportunidades para ter uma formação superior, pra que essa formação seja bem aproveitada, pra que possa dar o retorno pras comunidades. Acredito muito nisso e sou um exemplo disso.

Sobre os depoimentos de Edinaldo

É tocante o último depoimento de Edinaldo. O depoimento que ele me mandou por WhatsApp foi gravado dentro de um apartamento com uma varanda. Na varanda era possível ver um gato preguiçoso e imóvel. Sei que os xucurus vivem na Serra Pescado, em Pernambuco. Será que a gravação de Edinaldo foi feita em Recife? Não sei e não importa.

Edinaldo confirma a fala de Ana Lúcia Silva Souza, professora da UFBA, gravada no dia 20 de novembro de 2021, Dia da Consciência Negra, na Avenida Paulista: "a gente pensa que cada um estudante que entra pelas ações afirmativas é a transformação de toda uma comunidade".

20 de novembro – Conhecendo Moussa

Além do material captado entre 2007 e 2008, tínhamos os Whats-App com depoimentos de estudantes de 2007 e 2008, professores desse mesmo período e o material captado na Avenida Paulista no dia 20 de novembro de 2021. Era a festa do Dia da Consciência Negra. Na Avenida Paulista fizemos importantes entrevistas, com depoimentos contundentes de lideranças do movimento negro e professores.

Entre os entrevistados na Avenida Paulista está Moussa Jabate, que nasceu no Mali. Quando cheguei com a equipe à Avenida Paulista, vi um negro alto, vestido com um lindo cafetã, com adereços de couro e a cabeça coberta por um turbante. Logo soube que ele estava lá para ajudar na filmagem, cuidar das autorizações de imagem. Era uma figura altiva, linda. Parece que fazia questão de mostrar sua etnia, sua história. Moussa faz doutorado na Faculdade de Educação da Universidade de São Paulo (USP) com bolsa do Conselho Nacional de Desenvolvimento Científico e Tecnológico (CNPq). No depoimento que nos deu contou: "fui o primeiro negro, primeiro refugiado que entrou por concurso... fui aprovado, contemplado pela política de cotas". Conta que trabalha com crianças filhos de refugiados. Faz questão de marcar que trabalha dentro de posturas epistemológicas que assumem as diferenças. E afirma que sua postura epistemológica foi criada pela vinda ao Brasil. Conta:

> no Mali eu não tinha o problema da raça. . . . No Brasil fui questionado sobre a minha própria identidade. No metrô me perguntavam: você é angolano, você é africano? Não, eu não sou africano, eu sou malinense. As próprias perguntas começaram a me revelar

que eu sou negro. Descobri minha negritude no Brasil.
Isso me ajudou na minha postura epistemológica . . .
Me lembraram que eu não sou daqui e que eu sou ne-
gro. Isso me levou a mudar minha própria percepção.
Minha pesquisa está sendo afrocentrada a partir das
minhas próprias experiências. Se não fosse o que acon-
teceu aqui no Brasil, o problema da raça nunca seria
um problema pra mim. Hoje sei que é preciso afirmar
as diferenças.

Entrar na universidade é um movimento de resistência: depoimentos

Essa contundente frase de Jacqueline Jaceguai está no depoimento que deu durante o V Copene em 2007. Agora, em 2021, voltou à universidade, de cabeça erguida, e agradece às mulheres ancestrais guerreiras, a quem homenageia.

Bruno dos Santos, em 2007, no V Copene, havia contado que no dia de sua formatura, na PUC-Rio, sua mãe pôde entrar pela porta da frente. Relata: "ela só entrara na PUC pulando o muro pra pegar fruta. Nunca tinha entrado pela porta da frente. Meu pai ele só entrou na PUC porque houve um desabamento quando teve uma enchente na Rocinha".

Termina seu depoimento, enviado por WhatsApp em 2021: "Ainda vai ter muita luta, ainda estamos no início... se nossa ancestralidade nos ajudar, nossos netos e bisnetos vão ter um Brasil mais justo...".

Finalizando

O que ficou muito evidente é que uma importante transformação epistemológica acontece com a entrada na universidade de negros, indígenas e quilombolas. Toda uma bibliografia é descoberta e adotada. Os ensaios sobre o racismo até então eram apenas aqueles feitos por brancos... agora, estudiosos negros passam a ser estudados e lidos. Junto com o novo colorido das salas de aula e corredores, descortinam-se horizontes até então escondidos, recalcados.

Muitas vezes me perguntei e perguntei para aqueles que me escolheram para fazer o documentário como poderia, como uma pessoa branca, alcançar essa história tão dolorida e contribuir na transformação de tudo isso. Lembro que, na assembleia final do V Copene, eu e minha equipe fomos vaiados.

Ainda não tenho respostas... talvez minha origem judaica, talvez minha militância por um Brasil mais justo, talvez os muitos coloridos da minha visão de mundo... não sei... Fiquei feliz quando Davison Faustino e Ana Lúcia Silva, no debate no Sesc que lançou o documentário, afirmaram ter gostado de participar de minha ação antirracista... Acho que é isso...

14. Transnacionalismos, identidades e a psicanálise[1]

"Esse texto é escrito desde a morada dos que não são bem-vindos, são permanentemente estranhos, presenças inconvenientes para quem olha e vive o autoengano de não se achar o outro de alguém."

Assim começa o texto "Geografia dos afetos" de Paulo Vicente Cruz (2022). E assim prossegue nas terríveis constatações do não lugar do negro, "presenças inconvenientes". Como é possível não ser o outro de alguém? O branco que olha, ou qualquer ser que olhe e ignore uma identificação básica a todo ser humano, a pulsão sobrevivente, conforme Nathalie Zaltzman (2018) pensou, torna-se inumano. A identificação com a espécie humana é que faz com que o ser humano, em condições as mais precárias, sobreviva para contar, para testemunhar, conforme relataram vários sobreviventes dos campos de extermínio. Querer viver para poder contar. É a partir dessa identificação primordial que o outro se constitui enquanto tal. Sempre existiremos a partir de um outro. Quando

---

1 Texto publicado originalmente na *Folha de S.Paulo* digital no dia 9 de agosto de 2022 com o nome "Movimento negro propõe transnacionalismo racial e faz da diáspora um quilombo".

ignoramos que somos outros de outros, e que há outros que nos fazem ser outros de outros, a humanidade que nos constitui se perde. O branco que tem o "autoengano" de não ser um outro para um negro passa a se objetalizar ele mesmo. E, assim, objetaliza seu semelhante. Como acontecia nos campos de extermínio.

Segundo o texto de Paulo Vicente Cruz, é o poderoso dominante, branco, que não estabelece essa identificação primeira com o negro e não se vê como o outro de alguém.

O que me impressionou no texto de Paulo Vicente foi uma inversão na forma como a psicanálise vem pensando essas questões. O foco psicanalítico tem sido pensar o negro na sua relação com uma sociedade branca. O foco é o negro e não o que o branco faz do negro. Ou, melhor explicando, é, sim, o que o branco fez do negro por séculos e séculos e que repercute em sua subjetividade. Isildinha Nogueira (2021), em importante livro recém-publicado, *A cor do inconsciente: significações do corpo negro*, vai nos mostrando como a mãe nega o corpo negro de seu filhinho, pois seu ideal é o corpo branco. A mãe negra quer ser branca e também quer seu bebê branco. Jurandir Freire Costa (citado por Sueli Carneiro, 2011), afirma:

> *ser negro é ser violentado de forma constante, contínua e cruel, sem pausa ou repouso, por uma dupla injunção: a de encarnar o corpo e os ideais do ego do sujeito branco e a dor de recusar e anular a presença do corpo negro. (p. 64)*

O negro carregaria sempre um Ideal do Eu atravessado pela branquitude. O que o texto de Paulo Vicente Cruz faz é buscar as raízes disso que Isildinha e alguns outros psicanalistas apontaram na constituição do negro enquanto sujeito.

O negro não seria o outro de outros e seu outro seria o que ele não é. O outro que o constituiria negaria sua existência, fazendo com que não se constitua enquanto sujeito negro. O negro para o branco teria sempre um déficit de humanidade.

Todos esses fenômenos atualizam, ressignificando, a história do capitalismo que constituiu o negro e o racismo. Achille MBembe (2018) mostra como a Europa se considerava o centro do mundo civilizado e se contrapunha ao Resto, cujo símbolo maior foi a África e o negro. O conceito de raça surge do capitalismo e assim ganha força. Passou a servir para diagnosticar as populações longínquas, sua "degradação", e um déficit ontológico – são "menos" ser.

Com o surgimento do capitalismo, o Atlântico se tornou o lugar de onde emergiu uma "nova concatenação de mundos, o lugar de onde emergiu uma nova consciência planetária" (MBembe, 2018, p. 28).

A transnacionalização da condição negra é um momento constitutivo da modernidade.

Anete Abramowicz (2022), no fechamento do seminário "Transnacionalismo e proposta curricular para a educação das relações étnico-raciais e da diferença na educação", afirmou:

> *A racialização também é parte da história dos judeus, devido ao Holocausto, que é uma marca muito profunda na história judaica. Enquanto os judeus, por terem sido racializados, lutam ou lutavam para esvaziar esse conceito ... o movimento negro afirmava o conceito de raça, reivindicava o Atlântico Negro como um quinto continente e negro, e propunha a Diáspora quase que como um quilombo. Onde houvesse um negro haveria uma inflexão e a afirmação de uma vida, de um jeito negro. Uma perspectiva transnacional, um mundo*

> *sem fronteiras, um mundo que se poderá percorrer livremente e o fim de uma concepção universal do homem... Não há uma proposta mais disruptiva do que a proposta pelo pensamento negro.*

O transnacionalismo negro parece dar uma resposta clara àqueles que criticam as lutas identitárias como narcísicas. O conceito de raça passa a ser entendido como origem comum no continente africano. Racializar para o movimento negro é falar de uma origem no continente negro. Tudo isso vem colocar uma forma de militância absolutamente nova: Joel Birman (2018) pensa que há "uma superação de qualquer guerra identitária com vistas a tornar possível a comunicação de universais contingentes" (p. 22).

Mouffe e Laclau, conforme a leitura de Joel Birman, vão propor a costura de discursos particulares para forjar universais que sejam contingentes. Assim acontece no movimento negro.

A política afro-brasileira transnacional, de acordo com Harvart (2002), evita distinções fáceis, entre Estados-nações e populações imperialistas. É preciso entender que cultura e política não coincidem necessariamente com política partidária, nacionalista (identidade) e sindicalista. Para Harvart (2002), há uma falsa dicotomia entre o global e o local. Afirma uma limitação em como as políticas de identidade vêm sendo pensadas. A Frente Negra Brasileira não seria só uma forma de apresentação de história nacional e regional, mas também uma faceta integral de uma comunidade multinacional, multilíngue, ideológica e culturalmente plural, não limitada por uma país territorial singular.

É nessa concepção de transnacionalismo que podemos ver de que forma a identificação sobrevivente vai se tornando presente. Em cada gesto solidário, em cada luta, é a humanidade que se faz presente.

A dicotomia entre o local e o universal caduca, pois o que está em questão é a própria humanidade. Lembro muito de como Jacó Guinsburg (1996) falava do ídiche no seu magistral trabalho *As aventuras de uma língua errante*; quanto mais os escritores do ídiche mergulhavam no específico do judaísmo, mais universal era seu conteúdo.

Mbembe aponta como tudo aquilo que antes era exclusivo do negro no primeiro capitalismo passou a ser senão a norma, ao menos "o lote de todas as humanidades subalternas". Trata-se de uma universalização tendencial da condição negra, aliada ao surgimento de práticas imperiais inéditas, que utilizam tanto lógicas escravagistas de captura e predação quanto lógicas coloniais, de ocupação e extração. Há uma crescente privatização do mundo, com o respectivo esquadrinhamento hierárquico sob a égide do neoliberalismo. Os trabalhadores passam a regular sua conduta em função das normas de mercado.

MBembe (2018) afirma: "A essa nova condição fungível e solúvel, à sua institucionalização enquanto padrão de vida e à sua generalização pelo mundo inteiro, chamamos o *devir negro do mundo*" (p. 20). Com o avanço do capitalismo, o transnacionalismo passa então a ser uma questão de todos. Há um desprendimento territorial com o qual temos muito a aprender.

O reconhecimento de que sempre somos outros de outros passa a ser da ordem de uma política onde a alteridade seja possível e que instaure caminhos na contramão de uma homogeneização hipnótica que vem entorpecendo o pensamento e a paixão nos tristes tempos que vivemos.

A questão do racismo é de todos nós. Assim como a questão LGBTQIA+ também é uma questão de todos nós. São, sim, questões planetárias e que esparramam internacionalmente a luta pelo direito de ser fiel ao desejo próprio. E a uma história que é sempre única, fundada na identificação primeira com a espécie.

Referências

Abramowicz, A. (2022). *Seminário transnacionalismo* [Vídeo]. YouTube. https://www.youtube.com/watch?v=c_DsR5L5rZ4

Birman, J. (2018). Psicanálise e filosofia política na contemporaneidade: sobre as categorias de povo, de populismo e de identidade na atualidade. In C. Hoffman & J. Birman (Orgs.), *Psicanálise e política: uma nova leitura do populismo* (pp. 21-50). Instituto Langage, Université Paris Dideert.

Carneiro, S. (2011). *Racismo, sexismo e desigualdade no Brasil*. Solo Negro.

Cruz, P. V. (2022, maio). Geografia dos afetos. *Piauí, 188*. https://piaui.folha.uol.com.br/materia/geografia-dos-afetos/

Guinsburg, J. (1996). *As aventuras de uma língua errante*. Perspectiva.

Harvart, M. (2002). Política transnacional negra, anti-imperialismo e etnocentrismo para Pierre Bourdieu e Loic Wacquant: exemplos de interpretação equivocada. *Estudos Afro-Asiáticos, 24*(1). https://www.scielo.br/j/eaa/a/9yCw36HV9sP4zLn9Q-FXyM8C/

Mbembe, A. (2018). *Crítica da razão negra*. N-1 Edições.

Nogueira, I. B. (2021). *A cor do inconsciente, significações do corpo negro*. Perspectiva.

Zaltzman, N. (2018, junho). Homo Sacer, o homem matável. *Revista Percurso, 60*, 11-20.

PARTE VII

Passeios no recanto silvestre

2006

15. Um filme sobre José Agrippino de Paula

José Agrippino de Paula é importante personagem dos anos 1960/1970, guru do Tropicalismo, que realizou vários filmes em super-8[1] e um em 35 mm (*Hitler Terceiro Mundo*),[2] tendo publicado dois livros, *Lugar público*[3] e *Panamérica*,[4] ambos republicados pela editora Papagaio.[5] Caetano Veloso prefacia a nova edição de *Panamérica*. Caetano fala de José Agrippino com uma admiração imensa no seu livro autobiográfico *Verdade tropical* (Veloso, 1997). *Panamérica* é um livro em estilo único; difícil inseri-lo em qualquer movimento literário ou artístico. É um jorro *pop*.

---

1 Os curtas *Céu sobre água* e os reunidos como *Danças na África* fazem parte do DVD lançado pela Heco Filmes em 2019.

2 *Hitler Terceiro Mundo* foi lançado em DVD pela Heco Filmes em 2019.

3 A primeira edição de *Lugar público* é de 1965, publicado pela Civilização Brasileira, do Rio de Janeiro. A Editora Papagaio, de São Paulo, reeditou o livro em 2004.

4 A primeira edição de *Panamérica* é de 1967. A última edição, publicada pela Editora Papagaio, é de 2001.

5 Depois da morte de José Agrippino, a Editora Papagaio, em 2019, lançou o livro *Nações Unidas*, que dera origem ao espetáculo *Rito do amor selvagem*, peça encenada em 1968 por José Agrippino e Maria Esther Stockler em 1968.

No começo dos anos 1980, lembro de José Agrippino vagando pelas ruas de São Paulo, tendo sido recolhido por sua família em uma casinha no Embu, onde viveu até o final da sua vida. Eu e David Calderoni, autor da ideia desse documentário, fomos ao seu encontro em 2004 e perguntamos como gostaria de contar sua história em um filme.

Ele pediu uma câmera super-8 igual à que havia filmado nos anos 1970. Depois de três meses de busca, encontramos a câmera, tendo a entrega marcado o início das filmagens. Finalizei o processo depois de um ano e meio sem que José Agrippino tivesse filmado. Tivemos que aprender mais uma vez sobre nossos limites, a intervenção foi dele e não nossa. Mais uma vez o fazer cinema nos ensinou que não podemos salvar ninguém e que ninguém quer ser salvo por ninguém e que não havia o que salvar em José Agrippino. Ele estava bem.

Há algo de meu primeiro filme, o *Dizem que sou louco*, no documentário *Passeios no recanto silvestre*.

David Calderoni, a partir de uma entrevista de José Agrippino a Pedro Bial quando do relançamento do livro *Panamérica*, queria questionar o diagnóstico de esquizofrenia, que permitia que Agrippino tivesse uma pensão que o sustentava. Não tocamos nessa questão no documentário. Assim como não toquei na questão da loucura no *Dizem que sou louco*. Nesse primeiro filme, procurei aqueles que a cidade nomeia como "loucos de rua". Em José Agrippino quis apenas homenageá-lo. Como ele não filmou, o filme se tornou o filme do não filme. Usei trechos de sua linda obra cinematográfica, seus super-8, seu *Hitler Terceiro Mundo*. Levei Jorge Bodansky até Embu, eles falaram e lembraram a grande aventura de filmagem de *Hitler Terceiro Mundo*.

Quando *Passeios no recanto silvestre* estreou no Festival É Tudo Verdade, antes da exibição, fui até Embu e mostrei, em meu computador, o filme. Zé Agrippino ficou encantado. Agradeceu-me: "Você tem dado importância à minha obra...".

Morreu poucos meses depois.

Referências

Paula, J. A. (2001). *Panamérica* (3a ed.). Papagaio. (Trabalho original publicado em 1967).

Paula, J. A. (2004). *Lugar público* (2a ed.). Papagaio. (Trabalho original publicado em 1965).

Veloso, C. (1997). *Verdade tropical*. Companhia das Letras.

16. Panaméricas de utópicos Embus: acolhendo enigmas[1]

Letreiros iniciais/abertura

O sol daquele domingo era plúmbeo paulistano, início do século XXI – mais precisamente 2003. Não era o sol azul-esverdeado de *Céu sobre água*, filmado em Arembepe nos anos 1970 por José Agrippino. Era Zé que eu e David Calderoni buscávamos agora, psicanalistas siderados por sons e imagens, entre canções e cinema, dirigindo-nos a Embu. David assistira à entrevista que Pedro Bial fizera quando do relançamento do livro *Panamérica* (prefaciado por Caetano Veloso) e ficara encantado. David conta:

> *Bial lhe perguntou se a aceitação do diagnóstico de esquizofrenia não seria apenas um estratagema para obter dinheiro da Previdência e Agrippino respondeu que, longe de farsa, a "esquizoidia" era real num mundo que pagava "30 sanduíches" pela criação de um romance.*

---

1 Texto publicado originalmente em Safatle, V., & Rivera, T. (Orgs.). (2006). *Sobre arte e psicanálise*. Escuta. pp. 102-112.

David Calderoni, psicanalista e compositor, escrevera um longo ensaio sobre Caetano Veloso (Calderoni, 2002) e sabia da importância de José Agrippino de Paula para o Tropicalismo, mestre de toda uma geração. Eu conhecera José Agrippino através de Maria Esther Stockler, a bailarina de mãos infinitas, nós duas filhas dançantes de Maria Duschenes, importante precursora da dança moderna no Brasil. Acompanhara seu percurso literário, ele frequentou a casa de meus pais. Em minha lembrança, meu pai ajudara a publicar seu primeiro livro, o *Lugar público* (a primeira edição é de 1965) pela Editora Civilização Brasileira. Agora, seus dois livros, *Lugar público* e *Panamérica*, estavam sendo reeditados pela Editora Papagaio. Em janeiro de 1970, em pleno Ato Institucional, deleitei-me com o espetáculo *Rito do amor selvagem* no teatro São Pedro, em São Paulo. Naquele momento, Maria Esther e José Agrippino encarnavam um ideal libertário de um outro jeito de vida e de relação com o mundo. Caetano Veloso fala disso tudo em sua autobiografia *Verdade tropical* (Veloso, 1997). O dançar de Maria Esther era de um domínio corporal absoluto, delicadeza circense permitindo voos inusitados, imagem de liberdade no jeito de ser.

O escritor e a bailarina

Em entrevista realizada[2] no restaurante macrobiótico Arroz de Ouro (no Largo do Arouche, em São Paulo), José Agrippino relata que conheceu Maria Esther no ateliê de José Roberto Aguillar, quando voltou do Rio de Janeiro. Citando Agrippino na entrevista:

---

2 Essa entrevista nos foi cedida pelo Centro de Documentação do Centro Cultural São Paulo, datada de 20 de maio de 1979.

E então depois eu conheci a Maria Esther, porque ela estava dançando, nessa época ela estava dançando uma música hindu do Ravi Shankar e era realmente fascinante, era uma coisa muito linda, ela dançando. . . . Ela morou em Nova York e ficou fazendo técnica e chegou a um ponto que ela dançava um pouco no apartamento com o som do Ravi Shankar, fazendo quase que uma meditação, ou olhando, por exemplo – eu me lembro que ela falava – e é também o sistema da Isadora Dunkan – que a Isadora olhava as danças nos vasos gregos. Aquelas danças e aquelas esculturas ela procurava aquela reprodução . . . nós tivemos juntos muito tempo e ela fazia isso quase que regularmente. A gente viajava para muitos lugares. Fosse na África, fosse em Londres e ela sempre dançava justamente aquelas músicas.

Cena inicial

Passados tantos anos, lá estava eu indo ao encontro de José Agrippino, eu e David, embrenhando-nos em passados dos anos 1970, Beatles e Rolling Stones, vísceras de cada um. O asfalto, a quentura do domingo, a interrogação, o frio na barriga.

Quando David me procurou pensando em um documentário com José Agrippino, sugeri que fôssemos até ele e perguntássemos de que jeito gostaria de contar sua história em um filme. Para chegar lá, muitas falas e perguntas, até chegar em Guilherme de Paula, o irmão responsável de um irmão interditado, a mesma doçura e generosidade, sangue do mesmo sangue.

Chegamos em Embu, a avenida principal da entrada, o muro cinzento do lado da igreja (Assembleia de Deus), roupas sendo vendidas em estruturas de madeira, em frente, na avenida barulhenta, as lojas de cadeiras de vime e os pufes coloridos pelas calçadas. Um portão de madeira, corroído pelo tempo, tinta descascada, a porta de ferro, a janela fechada, nenhuma campainha, nada que facilitasse nossa comunicação. Bato palmas e começo a gritar por Zé – "Zééééé... Zéééé...". Foram alguns minutos, perguntamos às pessoas que passavam se estávamos certos, se era lá mesmo. Até que ouvimos um barulho na porta e surgiu diante de nós o majestoso José Agrippino de Paula. Guilherme o avisara de nossa visita, ele me esperava. Tranquilamente, cumprimentou-me, como se tivesse acabado de sair da casa de meus pais nos anos 1960. A roupa solta, camisão, um calção largo, o cabelo embranquecido, um homem ainda bonito. Lembrei da foto na quarta capa da primeira edição, lembrei das aparições no filme de Rogério Sganzela *Mulher de todos*. Apresentei David, ele nos convidou para entrar e, a seguir, a primeira pergunta: "Como está sua mãe?". Morreu, em 1985. Ele exclama: "Puxa! Meus sentimentos!". A poeira da sala, o amontoado de jornais em cima da cristaleira, o retrato que o pintor Gontran fez nos anos 1970. Ali o tempo era outro. Fiquei comovida. Eu e David falamos então de nossa ideia de documentário, que queríamos saber como ele gostaria de contar sua história. Ele faz então a segunda pergunta: "Você tem visto a Maria Esther?". Eu digo que não mais. Ele fala então que gostaria de filmar com a máquina super-8 que usou na África para fazer *Céu sobre água*, uma Canon 814, a câmera da Maria Esther, que o Jorge Bodanzky havia apresentado. Enumera as vantagens da câmera. Eu e David prometemos conseguir a câmera. Não a da Maria Esther, mas iríamos atrás de uma Canon 814. Eu, aflita com o futuro filme, pergunto se não gostaria de usar uma digital. Ele conta que já experimentou, com a Lucila Meirelles, mas que não gostou. Depois, já na filmagem, daria uma linda explicação, dizendo que: "a questão é a profundidade de campo... no vídeo, fica tudo achatado...". Mas, naquele momento, eu me preocupava com o filme, com o processo de *transfer*, que seria necessário para transformar o vídeo em cinema.

José Agrippino diz que quer filmar a natureza. Com seu olhar perscrutador e sábio, olha o amontoado de casas nas encostas que bordejam o quintal e aponta riachos e montanhas. No primeiro dia, disse que iria ao "recanto silvestre", filmar a natureza. Com isso deu o nome ao documentário *Passeios no recanto silvestre*.

David, sabiamente, respeita José Agrippino. Saímos de lá impregnados daquela poeira que não incomodava e dispostos a conseguir a Canon 814.

Começa a aventura

Assim foi que convidei Rubens Machado, estudioso do super-8 e do cinema dito "marginal", para compor a equipe. As psicanalistas Noemi Araújo (também pedagoga e ensaísta) e Noemi Moritz Kon (também escritora) passaram a fazer parte do trabalho. Reinaldo Pinheiro já participava como produtor executivo.

A experiência que eu e David tivéramos naquela primeira visita a Embu, a pergunta de José Agrippino sobre a câmera e o desejo de filmar, assim ficou expresso em nosso projeto:

> *Desejamos colocar em movimento imagens que reposicionem, na cultura, José Agrippino de Paula, importante personagem de relevantes movimentos culturais brasileiros, tais como o Tropicalismo e a filmografia Super-8 dos anos 1960 e 1970, além de contribuições inestimáveis na área teatral e literária. Não se trata*

> *de exibi-lo como um criador passado, mas sim de pro-porcionar-lhe os meios para uma criação presente. Em nossos contatos, José Agrippino manifestou uma firme e precisa disposição autoral: quer fazer sozinho um fil-me Super-8 cujo título "Passeios no Recanto Silvestre" já traduz uma intencionalidade estética.*
>
> *O percurso de José Agrippino de Paula deve ser resga-tado, incluindo-o como um ator social da sua própria história. História a ser retomada em ato por ele mesmo, que quer "aumentar a metragem", formulando em pa-lavras próprias sua aquiescência em trabalhar conosco.*

A volta de José Agrippino ao cinema, uma intervenção, a possibilidade de reconexão de um criador às malhas da cultura, tudo isso moveu-nos e moveu a imprensa, que espalhafatosamente registrou a entrega da câmera. Afinal, a última produção de José Agrippino é *Céu sobre água*, de 1978. Depois disso, os papéis manuscritos se amontoam por todos os cantos daquela casa em Embu. Casa para onde se recolheu nos anos 1980, depois de vagar pelas ruas.

Com o projeto de uma intervenção, de um ato analítico, pusemo-nos a trabalhar.

Depois de três meses de pesquisa, encontramos a câmera, na feirinha de antiguidades da Praça Benedito Calixto.

Ganhamos, com nosso projeto, o prêmio para coprodução da Secretaria de Cultura do Município e começaram então nossas surpreendentes conversas.

Histórias

Naquela salinha, com o barulho permanente dos caminhões e ônibus da avenida em frente, aquele homem barbudo, desgrenhado, quase em farrapos, falava em Godard, Griffith, de seu convívio com o Living Theatre, Julien Beck, com Paulo Emílio Sales Gomes, Georges Lapassade, Thomaz Farkas.

Na entrevista a que tivemos acesso, Agrippino relata: "nós convivemos naqueles dias com gente muito interessante, pessoas como qualquer uma de Nova York, contemporâneas e qualquer pessoa do mundo, vivendo uma situação moderna muito forte".

Nessa mesma entrevista José Agrippino relata que Maria Esther foi enviada ao Rio para entrevistar o John Cage – o Merce Cunningham estava fazendo uma temporada por lá, com iluminação do Rauschenberg e cenário do Andy Warhol:

> *O John Cage chegou a ir num happening lá no Rio. Nesse happening o Rogério Duarte levava um cachorro treinado. Ele era ensinado, atacava, mordia, tinha treinamento. Ele levou o cachorro para o happening e fez essa demonstração do cachorro. Essa é a cultura nacional, a cultura que o cachorro apreendeu. Todas as casas hoje em dia têm seu cachorro treinado, até para matar. A quantidade de cachorros, cães de guarda... Verdadeiras monstruosidades como cachorro, tipo pastor alemão... Aliás, eu li que um cachorro desses outro dia matou uma velha. A velha foi dar comida pra ele e fez um gesto que não podia. O treinador não treinou bem... E o Rogério levou um cachorro desses e mostrou a "educação" do cão. Se alguém desse nele com um pau, o cachorro mordia. Se desse tiro ele pulava na garganta.*

Agrippino e o cinema

Conta que foi apresentado a Jorge Bodanzky por Carlos Ebert, relata histórias de Jô Soares durante a filmagem de *Hitler Terceiro Mundo*, seu filme em 35 mm, de 1968. Eu só conheci o cinema de José Agrippino de Paula mais recentemente. *Céu sobre Água* me foi apresentado por Rubens Machado durante essa viagem ao mundo de José Agrippino. Eu havia visto *Hitler Terceiro Mundo* em uma mostra de cinema. O cinema de José Agrippino é de uma estranha radicalidade, revelando um olhar absolutamente esdrúxulo e criativo, produzindo a mesma estranheza que sua literatura.

Não há como não lembrar Jairo Ferreira (2000), que em seu livro *Cinema de invenção* analisa *Hitler Terceiro Mundo*. Assim define o cinema de invenção:

> *O cinema de invenção utiliza-se de todos os recursos existentes e os transfigura em novos signos em alta rotação estética: é um cinema interessado em novas formas para novas idéias, novos processos narrativos para novas percepções, que conduzem ao inesperado, explorando novas áreas de consciência, revelando novos horizontes do (im)provável. (p. 23)*

Assim como em sua literatura e no teatro, José Agrippino propõe experiências inusitadas.

Em *Hitler Terceiro Mundo* trabalham, além de Jô Soares, Ruth Escobar, Eugênio Kusnet, Jairo Ferreira. E muitos outros.

A partir de convite nosso, Jorge Bodanzky foi ao encontro de José Agrippino e soubemos de histórias espantosas da filmagem de *Hitler Terceiro Mundo*. Bodanzky foi o diretor de fotografia. Relatou como, em plena ditadura militar, foram colher sons na Estação da Luz, com um enorme gravador Nagra. Acabaram passando alguns maus momentos no DOPS. Há uma cena filmada de dentro de um camburão da polícia – Bodanzky relata que não sabia se ia acabar "solto na rua, e continuar as filmagens, ou em uma cela de tortura". Em outro encontro, José Agrippino falara rindo de suas namoradinhas comunistas e de como nunca havia se filiado a nenhum partido, embora sempre o achassem com cara de guerrilheiro. Mas, é preciso dizer, *Hitler Terceiro Mundo* é um filme, antes de mais nada, político.

Suspense: e agora?

Nesse processo todo, a pergunta: "José Agrippino filmará?". Pergunta que norteia a construção do documentário.

Quando perguntei se poderíamos filmá-lo filmando, afirmou que gosta de "takes impressionistas", que passa dias esperando aquela nuvenzinha, aquela luz. Que muitas vezes demora meses até filmar uma cena mínima. *Céu sobre água* é exemplar desse modo de filmar – há um preciosismo nas tomadas, na luz, na escolha dos momentos.

No lançamento da reedição de *Lugar público*, em Embu, José Roberto Aguilar me disse que não importa se José Agrippino vai filmar ou não. Importa, sim, ter dado a câmera para ele, importa reconhecê-lo como cineasta, como criador e produtor de cultura. "Foi, antes de mais nada, um ato simbólico." De qualquer modo, o cinema de José Agrippino bordará o documentário, apresentando um cinema absolutamente necessário e construtor do contemporâneo.

Mas, no cantinho de Agrippino, em Embu, o tempo não é o dos prazos das secretarias de cultura, os prazos de encontros apressados. Os endereços de Zé são ainda os dos anos 1960 e 1970.

Na entrevista, José Agrippino afirmou, a partir de uma pergunta sobre os laboratórios do espetáculo *Rito do amor selvagem*:

> *porque no ambiente artístico tem uma coisa que a gente chama de curtição... Aquilo das pessoas não aceitarem mais a vida de trabalho. Querem viver a vida, se divertir todo tempo, o dia todo, todos os dias e tudo acontecendo... Tem gente que tem essa mitologia. Eu sempre ativei essa parte. Tínhamos pessoas muito explosivas, pessoas assim surpreendentes. Surpreendentes para o geral, que era um geral paulista, muito condicionado pela formação, pela formação pequeno-burguesa da cidade – pelos hábitos, por tudo.*

O entrevistador pergunta: "E querer ficar na festa o tempo todo, não é condicionamento?".

Zé Agrippino responde:

> *a pessoa está saindo do hábito fundamental da sociedade que é a virtude do trabalho; virtude fundamental dessa sociedade decadente. Então, qualquer pessoa que saia dessa virtude, já tem uma outra virtude, só pelo fato de ter saído.*
>
> *. . .*
>
> *Tem que ter divertimento e não só trabalho, entende?*

A vida como arte

O fato é que José Agrippino de Paula continuava misturando arte e vida, algo tão característico dos turbulentos anos da aldeia de Arembepe.

Evelina Hoisel (1980), em *Supercaos: os estilhaços da cultura em* Panamérica *e* Nações Unidas, mostra como, no Brasil, "os artistas fazem da festa uma possibilidade de criticar a situação política e social" (p. 33). O ritual da festa questiona a sociedade industrial. Festejando constrói-se uma identidade própria, não imposta.

"A festa tem assim uma função denunciadora e dessacralizadora" (Hoisel, 1980, p. 33). A festa é um aflorar de estímulos e percepções. Daí a redescoberta do corpo como signo capaz de codificar múltiplas mensagens e deflagrar múltiplas percepções.

"O corpo deixa de ser instrumento resignado de força de trabalho para se tornar veículo de liberação." Ainda citando: "Deslocar a arte do espaço no qual sempre existiu como objeto sacralizado para integrá-la no cotidiano, nas ruas, nas praças públicas, aponta para o gesto mais radical desse movimento: a indiferenciação entre arte e vida" (Hoisel, 1980, p. 41).

Não será esse o parâmetro possível para compreender o que se passou com José Agrippino de Paula? Mais do que qualquer psicopatologia ou diagnóstico psiquiátrico. Coerentemente com toda a sua vida, afastou-se do mudo de consumo e viveu seus últimos anos retirado em Embu.

Letreiros finais

Caetano Veloso (2001) afirmou no prefácio para a nova edição de *Panamérica*: "Agrippino é sectário de si-mesmo, chega ao extremo de si-mesmo. Não há fantasmas de salvação em seu mundo. A única salvação seria estar, desde logo e em termos absolutos, salvo" (p. 8).

O enigma é nosso, a perplexidade é nossa.

O psicanalista foi José Agrippino. Em nossa ânsia de exercermos nosso trabalho de escuta, fomos sugados por sua tranquila figura que apenas queria estar e que sempre esteve salvo. Tivemos, nos meses de contato com José Agrippino, que trabalhar em nós mesmos qualquer furor psicanalítico. O psicanalista foi ele, não nós. Sua generosidade e acolhimento nos marca. O enigma é nosso, a perplexidade é nossa. Não é esse o único fim possível de um processo analítico, o acolhimento do enigma?

Referências

Calderoni, D. (2002). O silêncio à luz de Caetano. In G. Bartucci (Org.), *Psicanálise, arte e estéticas de subjetivação* (pp. 316-364). Imago.

Ferreira, J. (2000). *Cinema de invenção*. Limiar.

Hoisel, E. (1980). *Supercaos: os estilhaços da cultura em Panamérica e Nações Unidas*. Civilização Brasileira.

Veloso, C. (1997). *Verdade tropical*. Companhia das Letras.

Veloso, C. (2001). Prefácio à terceira edição. In J. A. Paula, *Panamerica* (pp. 7-10). Papagaio.

17. Filmar a loucura: "Tudo que se imagina, é" – Estamira e José Agrippino[1]

José Agrippino

Fui assistir *Estamira* ainda tomada por questões que tinham me perturbado em minha experiência com a realização do documentário *Passeios no recanto silvestre* sobre o escritor, cineasta e guru do Tropicalismo José Agrippino de Paula. Já há algum tempo, David Calderoni, psicanalista e músico, tinha o projeto de um filme que pusesse em movimento a importância de *Panamérica*, o livro tão cantado por Caetano Veloso, o livro que é nosso monumento *pop* dos anos 1960. Reinaldo Pinheiro acalentava o mesmo sonho utópico: encenar o *Panamérica*. Afinal, fazer cinema é encarar sonhos e utopias.

O que fez com que nos uníssemos para realizar o documentário foi uma entrevista que José Agrippino concedeu a Pedro Bial, na casa onde vive, em Embu, periferia de São Paulo, quando o

---

1 Esse texto foi publicado originalmente no *Correio da APPOA*, *150*, 14 de abril de 2013.

Panamérica foi relançado pela Editora Papagaio. David recortou uma fala de José Agripino em que afirmava o diagnóstico de esquizofrenia como "estratagema para obter dinheiro de Previdência".

O processo de filmagem e construção do personagem está descrito no ensaio anterior. Quando começamos a elaborar o projeto, o tutor jurídico de Agrippino era seu irmão, Guilherme de Paula.

Alguns princípios nos norteavam... sabíamos da delicadeza toda da nossa proposta:

José Agrippino é uma figura admirada, mítica. Estava interditado e, com o rótulo de esquizofrênico, recebe uma parca pensão do Estado, mas que ajuda a levar sua vidinha.

Elaboramos o projeto, a autorização para realizar o documentário foi pedida a Guilherme. Embora José Agrippino também tivesse assinado uma autorização, em termos jurídicos era Guilherme o responsável. Chegamos até Guilherme e José Agrippino através de Lucila Meirelles, curadora da obra de José Agrippino. Lucila era muito clara: quando o *Panamérica* foi relançado, ela se irritara com toda e qualquer reportagem que colocava em primeiro plano a doença mental em José Agrippino. Isso seria sensacionalismo, abuso. Em conversas nossas ficava muito claro que não estávamos procurando José Agrippino por causa de sua loucura, que esse diagnóstico não era importante, tanto fazia... Mas não fora o jeito de Agrippino lidar com o diagnóstico que atraíra David? Não seria, inclusive, o questionamento do diagnóstico que movia David? Vendo *Estamira*, surgiu a dúvida sobre se não haveria um certo pudor na maneira como nós, psicanalistas, lidamos com a questão da "loucura" no contato com José Agrippino: em nenhum momento conversamos com ele sobre seu diagnóstico. Quando pedimos que lesse trechos de seu primeiro livro, o *Lugar público*, relançado durante o processo de filmagem, Agrippino delicadamente recusou, disse que "não seria bom o contato com momentos seus depressivos", momentos em que não estava bem. Respeitamos e... silenciamos. Assim homenageamos José Agrippino de Paula.

Estamira[2]

O fotógrafo carioca Marcos Prado visitou durante seis anos o lixão do Jardim Gramacho, em Duque de Caxias, na região metropolitana do Rio, para registrar cenas cotidianas das pessoas que trabalhavam lá. O gigantesco complexo onde são depositadas 9 mil toneladas diárias de lixo reservava surpresas. Em 2000, quatro anos depois da primeira visita, Marcos esbarrou com Estamira Gomes de Souza. A admiração por Estamira é visível pelo carinho com que foca a câmera nela e com que deixa que fale abertamente, sem em momento algum interferir na sua fala, seja colocando perguntas ou mesmo comentando.

Estamira, no documentário, diz coisas impressionantes: "Não existe mais o inocente no mundo. Existe o esperto e o esperto ao contrário", "A criação é abstrata. A água é abstrata, o fogo é abstrato e a Estamira também é abstrata", "A minha missão, além de ser a Estamira, é revelar somente a verdade e capturar a mentira", "Eu sou a Estamira, sou a beira do mundo, estou lá, estou cá, estou em todo lugar".

Durante o documentário, Estamira alerta para o *Trocadilho*. Segundo ela, o *Trocadilho* é o que faz as pessoas viverem na ilusão, que engana o homem e o faz acreditar em coisas que não existem. Ela é contra a exploração do povo pelos pastores. Contesta a adoração de Jesus pelo sofrimento, já que tantos como ela sofrem ainda

---

2 *Estamira* é um documentário de 2004 em que o diretor, Marcos Prado, acompanha uma mulher de 63 anos que sofre de distúrbios mentais. Estamira trabalhava em um aterro sanitário do Jardim Gramacho, em Duque de Caxias (RJ).

168 FILMAR A LOUCURA

mais. Diz que os homens devem ser iguais, independentemente de cor e de sexo, e defende a dignidade para todos. Tem vergonha pelo homem, um bicho evoluído, agir pior que os quadrúpedes.

Reclama dos médicos, que são "copiadores" de receitas semi-fabricadas, prescrevendo remédios que sedam, controlam, mas não compreendem. Os dois filhos mais velhos se dividem quanto à possibilidade de internação. O filho é a favor, a filha contra, por temer que o sofrimento que a avó já passara se repita e a culpa que Estamira carrega por ter permitido a internação da mãe se repita.

Estamira discursa sobre o desperdício que verifica cotidiana-mente no lixo: "Economizar as coisas é maravilhoso, pois quem economiza as coisas tem. Quem não tem sofre". Fala sobre como deveria ser o mundo mais justo:

> *Todos homens têm que ser iguais, têm que ser comunis-tas. Comunismo é a igualdade. Não é obrigado todos trabalhar num serviço só, não é obrigado todos comer uma coisa só, mas a igualdade é a ordenança que deu quem revelou o homem o único condicional, e o ho-mem é o único condicional seja que cor for.*

Apesar da sabedoria e do sorriso de Estamira, Marcos Prado não nos poupa de assistir a alguns dos surtos esquizofrênicos da protagonista, lembrando que, no meio da mágica, por trás do tru-que, existe o mundo real. Em um desses momentos, Estamira fala em um rádio quebrado, usando uma língua imaginária. Em outro, conta como os astros ruins têm inveja do cometa que vive em sua cabeça, e raiva por ele ter escolhido um corpo frágil como o dela.

Entre as cenas violentas há uma em que Estamira, em conflito com seu filho evangélico, toca a região genital agressivamente para seu neto e grita contra Jesus:

Que Deus é esse? Que Jesus é esse, que só fala em guerra e não sei o quê?! Não é ele que é o próprio trocadilho? Só pra otário, pra esperto ao contrário, bobado, bestalhado. Quem já teve medo de dizer a verdade, largou de morrer? Largou? Quem anda com Deus dia e noite, noite e dia na boca ainda mais com os deboches, largou de morrer? Quem fez o que ele mandou, o que o da quadrilha dele manda, largou de morrer? Largou de passar fome? Largou de miséria? Ah, não dá!

Questiona-se o quanto foi ético mostrar cenas em que o transbordamento aponta na direção do enlouquecimento. Marcos Prado, em vários depoimentos diz ter refletido muito sobre os limites da ética e da intimidade e que foi autorizado por Estamira a editar como quisesse.

Estamira jamais pronuncia a palavra "mulher". Para ela, o sexo feminino é "homem formato par", o sexo masculino, para ela, é "homem formato ímpar". No lixão, Estamira namora seu João Preto, que tem olhares embevecidos e apaixonados. Quando Estamira esbraveja diante da câmera num dia de Natal, João lhe dá ouvidos, silencioso, embevecido. "Não adianta", Estamira esbraveja, para logo emendar cantarolando: "não adianta nem tentar me esquecer...". Seu João rebate: "Se você pretende saber quem eu sou, eu posso lhe dizer...".

A cena final, Estamira na praia, o mar, afirma: "Tudo que se imagina, existe e é". Afinal o lindo encontro com Marcos Prado realizou sua tão sonhada missão de escancarar a verdade.

Estamira e José Agrippino

Em *Estamira* o universo passa a ser mítico. O lixão passa a ser cenário medieval para uma subjetividade apocalíptica. De fato, Estamira chama o lixão de Gramacho de "depósito de restos".

Em *Passeios no recanto silvestre*, José Agrippino vive seu tempo mítico, momento de ebulição criativa, as décadas de 1960/1970 são seu momento vital, no qual permanece como museu vivo de lojas, endereços precisos, como se tudo tivesse acontecido ontem. Ou ainda estivesse acontecendo.

A linda fotografia do documentário *Estamira* não passa por uma estetização do lixo, e sim por um esforço em reproduzir uma subjetividade que brilha em meio a dejetos, restos de bichos e, muitas vezes, restos humanos. Marcos Prado, através do trabalho de fotografia, faz uma escultura do mundo interno de Estamira. O lixo passa a ser vida, fonte de encontros possíveis.

Em José Agrippino vemos a poeira que se amontoa por sua casa, a poeira do tempo. Seus andrajos, sua fala pacata e tranquila. Domesticada? Talvez...

Mas, assim como Estamira, José Agrippino não se dobra. Resiste na forma como continua construindo sua vida, dono do tempo, no congelamento de sua recusa.

Estamira vai todo mês para ser atendida em um Caps, lugar onde recebe seus remédios. Fala disso com ironia. José Agrippino não toma remédios. Mas o fato é que não falamos sobre isso com ele. Que não quer falar disso.

Em *Estamira* não vemos o escancaramento do encontro entre realizador e a pessoa filmada. Essa opção pelo olhar sem o ponto de vista assumido de quem filma, sem a experiência de quem é de fora do espaço filmado, sem o choque de culturas e experiências entre diretor e personagem, demonstra um objetivo estratégico de *Estamira*: expor o resultado de um processo, e não o processo pelo qual se chegou a esse resultado.

Em *Passeios no recanto silvestre* fica escancarado o processo de filmagem. Foram dois anos esperando que José Agrippino filmasse, pois no início do processo ele pedira uma câmera super-8 igual à que usara em lindos curtas seus nos anos 1960/1970. E essa ficou sendo a narrativa do documentário: a expectativa de que filmasse. E, através dessa estória, apresentar seus lindos filmes. Ou seja, foi acatado o tempo que José Agrippino impôs, o congelamento dos/nos idos anos de criação.

Apenas alguém que não é do mundo "psi" poderia fazer esse filme sobre Estamira com tamanha liberdade. Temeríamos a estigmatização, o sensacionalismo, o uso da psiquiatrização. Mas o filme homenageia Estamira. Homenageamos, sim, José Agrippino de Paula. Homenagem que respeitou seu tempo, respeitou os limites que ele colocou. Os vários mirares desses mirares todos, esta-mira de todos nós.

Só nos resta, como psicanalistas, apreender com Marcos Prado e Estamira que a ética proposta pela imagem no cinema tem amplidões inusitadas.

18. José Agrippino morreu

Às vésperas de fazer 70 anos, no início de julho de 2008, José Agrippino adormeceu e não acordou mais. Seu irmão, Guilherme de Paula, iria iniciar uma reforma na casa de família em Embu, a casa que fora da mãe e onde José Agrippino morou – havia um vazamento. A sobrinha de Agrippino, filha de Guilherme, estava morando na parte inferior, que tinha entrada independente. Montara uma loja de plantas ali.

A paixão de Agrippino, Maria Esther Stockler, a linda bailarina dos anos 1970, morrera em janeiro. Quando Lucila Meirelles me ligou contando da morte de Maria Esther, pensei que meu querido Zé (Agrippino, que parece que só eu chamo de Zé) não sobreviveria. Ainda que ele não soubesse. Maria Esther teve um câncer sofrido, depois que perdeu sua filha, Manhã, fruto dessa intensa paixão dos anos 1970, em um acidente de carro na estrada entre Parati e Ubatuba.

Zé morreu dormindo. Tinha apenas um pequeno ferimento na cabeça, talvez resultado de uma batida, quando adormeceu para sempre. Quem me avisou foi Sérgio Pinto, da editora Papagaio,[1] que vem cuidando das publicações dos escritos amontoados pela sala que visitamos durante quase dois anos.

Quis me despedir de José Agrippino. Fui, com Reinaldo Pinheiro, meu parceiro e produtor, ao cemitério da Lapa. Estavam lá o irmão Guilherme e suas filhas e uma filha de Zé que eu não conhecia. E mais ninguém. Na fala de Guilherme, a história da loucura de seu irmão, sua mágoa, a mobília de sua mãe tantas vezes arrebentada. Reinaldo ajudou a segurar o caixão, não havia ninguém mais para fazê-lo. O guru do Tropicalismo, tão adorado por Caetano, Gil, Arnaldo Antunes, José Roberto Aguilar, era enterrado naquela tarde triste, cercado pelo nosso carinho e admiração e pela bruma de sua solidão escolhida. Fiquei comovida de ter podido fazer aquelas imagens do Zé. As últimas.

---

1 A editora Papagaio publicou postumamente, em 2019, *As nações unidas.*

PARTE VIII
Procura-se Janaína
2007

19. Hurbinek: o que aprendemos com Primo Levi

No documentário sobre o evento Documenta,[1] Eduardo Coutinho e João Moreira Salles falam de como o que importa é que, no momento em que está diante da câmera, o anônimo se torne um grande personagem. Isso é o lindo do documentário.

Por aí me entendo como psicanalista-documentarista, na minha paixão pela vida humana, seja ela qual for. Contrapondo-se a João Moreira Salles – que defendia que estava na hora de fazer documentários sobre o mundo dos cineastas, chega de ir para o morro e a favela –, Eduardo Coutinho respondia que só indo em direção ao que não é ele mesmo é que poderia saber de si próprio.

Lembro aqui o começo do livro *A trégua*, quando Primo Levi (1997) descreve seu encontro com uma criança em uma enfermaria:

---

1 Documentário exibido no canal GNT da Globosat sobre o encontro Documenta, ocorrido no Rio de Janeiro entre 4 e 9 de novembro de 2001.

> *Hurbinek era um nada, um filho da morte, um filho de Auschwitz. Aparentava três anos aproximadamente, ninguém sabia nada a seu respeito, não sabia falar e não tinha nome... ... Estava paralisado dos rins para baixo, e tinha as pernas atrofiadas...; mas os seus olhos, perdidos no rosto pálido e triangular, dardejavam terrivelmente vivos, cheios de busca de asserção, de vontade de libertar-se, de romper a tumba do mutismo. As palavras que lhe faltavam, que ninguém se preocupava de ensinar-lhe, a necessidade da palavra, tudo isso comprimia seu olhar com urgência explosiva: era um olhar ao mesmo tempo selvagem e humano...* (pp. 28-29)

Com os cuidados de um dos doentes que se dedica inteiramente a Hurbinek, vai surgindo uma palavra, vão surgindo palavras articuladas. "Hurbinek continuou enquanto viveu, as suas experiências obstinadas" (Levi, 1997, p. 30).

Assim conclui Primo Levi (1997) este pedaço de seu relato:

> *Hurbinek, que tinha três anos e que nascera talvez em Auschwitz e que não vira jamais uma árvore; Hurbinek que combatera como um homem, até o último suspiro, para conquistar a entrada no mundo dos homens, do qual uma força bestial o teria impedido; Hurbinek, o que não tinha nome, cujo minúsculo antebraço fora marcado mesmo assim pela tatuagem de Auschwitz. Hurbinek morreu nos primeiros dias de março de 1945, liberto mas não redimido. Nada resta dele: seu testemunho se dá por meio de minhas palavras.* (p. 31)

Não está aí uma importante tomada de posição do que venha a ser um documentário?

Hurbineck/Janaína

Quando terminei o trabalho com José Agrippino de Paula, na elaboração do duro processo em que tivemos que nos haver com nossos narcisismos psicanalíticos, pensei em um novo documentário para refletir sobre a implantação da lei antimanicomial no Brasil. Depois de conversar com Deborah Sereno, junto com Yara Sayão e Lica Sisla, saí atrás de Janaína, a menininha que frequentava a Clínica Integração, que vinha da Febem, isso tudo nos anos 1980. E fomos pelo mundo atrás de Janaína, a menina negra, abandonada e que tinha sintomas psicóticos. O bebê que não se alimentava, que se machucava, que não queria carinho.

Construindo Janaína

Na busca por Janaína,[2] defrontamo-nos com os meandros das instituições para crianças, o contato com a Febem, o enfrentamento com a legislação. Em abril de 2006, foi promulgado o projeto de lei que muda o nome da Febem (Fundação Estadual do Bem-Estar do Menor), ligada à Secretaria da Justiça, para Fundação Casa (Fundação Centro de Atendimento Socioeducativo ao Adolescente). Mesmo antes dessa alteração no nome, já recebia apenas menores infratores. As crianças que são abandonadas ou que não podem ser criadas por seus pais por razões as mais diversas (doença, prisão, maus-tratos) são encaminhadas para ONGs ou instituições

---

2 *Procura-se Janaína.* Direção de Miriam Chnaiderman, 52 minutos, 2007.

filantrópicas, depois de um processo jurídico. Também o complexo do Tatuapé, onde ficavam as crianças infratoras, foi sendo desmanchado, dando lugar a um parque. Como o Carandiru. Mas o arquivo ainda se encontrava lá. E tínhamos que saber de Janaína. Quando lá fomos havia três ou quatro unidades que ainda não tinham sido removidas.

É terrível a experiência de ir ao complexo do Tatuapé. Na entrada, fomos revistados. Enquanto esperávamos pela autorização para poder chegar até o prédio onde ficava o Arquivo, ficamos vendo menores algemados sendo levados para lá e para cá. Depois, visitando aquilo que foi a escola profissionalizante e que será um espaço formador de profissionais, escutamos um tenso grito de guerra. Como se milhões de crianças sem lugar no mundo estivessem urrando sua revolta.

Foi então que soubemos para onde havia sido encaminhada Janaína: a Associação de Amparo aos Insanos de Sorocaba. Com 7 anos de idade, em 1987, Janaína foi da Febem para lá, um manicômio. Passarinho que nasceu na gaiola... essa é a minha frase no final do documentário.

Aquele grito de guerra marca a linguagem desse documentário. O nosso desamparo, o de Janaína, todas as Janaínas do mundo deverão apossar-se de vozes gritando por um olhar.

É quando surgem Hurbinecks que ganham nome de Janaínas.

Referência

Levi, P. (1997). *A trégua*. Companhia das Letras.

20. O Brasil das crianças sem lugar no mundo: a construção do documentário *Procura-se Janaína*

O início

Era assim que propúnhamos o documentário *Procura-se Janaína* no concurso a partir do qual obtive do Projeto Rumos do Itaú Cultural os recursos para realizá-lo:

> *Há crianças sem lugar no mundo. São crianças das quais os pais não podem cuidar, entregues a instituições e que não se desenvolvem nos padrões esperados: não são portadoras de deficiências, mas também não têm um desenvolvimento dito normal. São crianças que necessitam ser tratadas de maneira singularizada e que demandam da instituição algo que é inusitado.*

A ideia de fazer um documentário em que procuraríamos por Janaína nasceu de uma conversa com Deborah Sereno, companheira de trabalho já desde meu primeiro documentário, o *Dizem que sou louco*. Eu havia finalizado meu documentário *Passeios*

182 O BRASIL DAS CRIANÇAS SEM LUGAR NO MUNDO

no recanto silvestre, no qual, durante um ano e meio, junto com David Calderoni e mais uma equipe, esperamos que José Agrippino de Paula filmasse com a câmera super-8 que havíamos conseguido para ele. José Agrippino, desde os anos 1980, vivia retirado em Embu, com um diagnóstico de esquizofrenia.[1] Havia uma linha comum entre meu primeiro documentário sobre os chamados "loucos de rua" e o trabalho com José Agrippino de Paula. Nos dois documentários apareciam formas inusitadas de vida, dignidades outras, em uma ternura desconhecida. Conversando com a Deborah, eu refletia sobre a importância dessas duas experiências para pensar a implantação da lei antimanicomial. Pensava então em revisitar lugares onde existiram hospícios e ver o que aconteceu com os internos, com aqueles que são chamados "crônicos", aqueles que foram abandonados por suas famílias há dezenas de anos. Há dois documentários importantíssimos retratando manicômios, o *Idade da razão* (1979), dirigido por Helvécio Ratton, sobre o manicômio de Barbacena, e o *Passageiro de segunda classe* (2001), dirigido por Eduardo Jorge, sobre o manicômio de Goiânia. Eu propunha então que estruturássemos um projeto em que fôssemos buscar por pessoas que estiveram internadas nesses lugares. Foi quando Deborah me falou que gostaria de procurar Janaína, que volta e meia Janaína lhe vinha à memória. Contou-me que Janaína era uma criança que vinha da Febem até a clínica onde trabalhava. Contou-me também que havia falado de Janaína com Yara Sayão, em uma reunião na qual se indagavam sobre clínicas que trabalhavam com crianças bem pequenas durante os anos 1970. Foi quando lembraram de Janaína e da Clínica Integração, onde Lica (Eliana Sisla) e Deborah trabalhavam. Yara era então psicóloga na Febem. Foi assim que nos juntamos, eu, Deborah, Lica e Yara, e elaboramos o projeto Procura-se Janaína para concorrer nos concursos e editais visando

---

1 No bloco anterior sobre o documentário *Passeios no recanto silvestre* relatamos todos esses fatos.

conseguir os recursos para realizar o filme. Não demorou e fomos selecionadas, entre mais de trezentos projetos, no projeto Rumos do Itaú Cultural. Naquele momento, em 2007, eram inicialmente selecionados doze projetos. Depois, faziam um *workshop* de três dias para selecionar os cinco finalistas. Esse *workshop* foi conduzido por três documentaristas que sempre admirei (Paschoal Samora, Lílian Stulbach e Luis Eduardo Jorge). Já nesse processo todos foram delineando questões, inclusive na discussão dos outros doze projetos. Seria um filme sobre a memória? Sim, também. Sobre os marginalizados? Sim, também. Fui me percebendo, desde meu primeiro documentário, em um trabalho com os "refugiados" do mundo, sempre focando aqueles que não têm lugar, aqueles que, em nossa cultura, são empurrados para debaixo do tapete...

O início da busca

Há lindos documentários que são de busca. Um deles é o *33* (2002), dirigido por Kiko Goifman. Kiko passa 33 dias, quando fez 33 anos, buscando sua mãe biológica. Foi parte desse processo todo a construção de um site em que dava notícias diárias, a ida à televisão pedindo ajuda para descobrir quem seria e onde estaria sua mãe biológica. Nesse documentário a cidade pulsa por meio dessa busca, a janela do quarto do hotel onde se hospeda enquadra luzes, o espelho reflete a câmera angustiada.

Começamos nosso documentário sem saber se íamos encontrar Janaína. Sabíamos que, de qualquer forma, seria um mergulho na história da infância no Brasil. Percorreríamos um período em que houve a implantação do Estatuto da Criança e do Adolescente, a transformação da Febem em uma instituição apenas para menores infratores, a implantação da lei antimanicomial.

Quando vimos que nossa busca por Janaína deveria começar, resolvemos lançar um apelo na internet. Lica havia trazido uma foto que guardara, na qual Janaína aparecia em primeiro plano, conduzida por colegas da clínica. Colocaríamos a foto e o seguinte texto:

Estamos procurando Janaína Aparecida da Silva.

Você sabe dela?

Você esteve com ela nesses últimos quinze anos?

Janaína era uma criança da Unidade de Triagem 1, a Sampaio Viana, da Febem. Uma criança negra, abandonada, e seu comportamento faz com que todos que ali estiveram nos anos 80, lembrem dela. Janaína não aguentava o colo, ... tinha aquele olhar que olhava sem olhar. Encaminhada para diagnóstico, foi considerada uma criança com todas as características do autismo. Conseguiu-se que fosse levada diariamente à Clínica Integração, para receber tratamento. Soubemos que depois passou um tempo no Enfance. Janaína voltou para a Unidade de Triagem da Febem, onde permaneceu até 1986 sem ter para onde ir.

Depois, houve a terceirização da Febem. Depois, a aprovação da lei antimanicomial.

Para onde terá ido Janaína?

É esse o tema do documentário que estamos realizando. Estamos nesse momento fazendo um apelo a todos que possam nos ajudar a saber onde está Janaína.

Queremos saber o que aconteceu a essa criança tão sem-lugar no mundo.

Começaram aí também nossas questões: Janaína, na foto que postamos, aparecia pequenininha, linda. Hoje cuida-se da imagem da criança. Estaríamos expondo Janaína? Como cuidar de Janaína? Por onde andará Janaína? Pensávamos então que ela teria crescido, que era uma foto da história dela. Também sabíamos que estávamos exatamente recortando Janaína dentro de uma história que anula a imagem. Isso justificava a exposição da foto.

Ficamos então sabendo de outras Janaínas com histórias próximas. Algumas pessoas que haviam convivido com Janaína naquele momento na Febem acabaram nos procurando.

Enquanto isso, através de leituras, íamos tomando contato com a história de todas as Janaínas institucionalizadas, procurando saber o que teria vivido a nossa Janaína... No livro da Marlene Guirado (1980) *A criança e a Febem*, a terrível descrição de quando a mãe deixava seu bebê: grudavam um esparadrapo nas costas da criança e a levavam para uma sala onde crianças maiores cuidavam. A mãe ficava do lado de fora, muitas vezes acreditando que estava fazendo o melhor para seu filho. Lemos o importantíssimo livro de Roberto da Silva (1998) *Os filhos do governo*. Roberto tem uma história de superação; hoje dá aula na Faculdade de Educação da Universidade de São Paulo (USP) e é militante na questão dos abrigos e adoção. Fui conversar com ele e saber mais de tudo que viveu.

Fomos atrás do livro de Sônia Altoé (1990) *Infâncias perdidas*. Mesmo a segunda edição estava esgotada; fomos atrás de sebos e do telefone da editora e acabamos conseguindo um exemplar. Sônia Altoé relata como qualquer criança era silenciada em sua manifestação singularizada e como mesmo a hora de ir ao banheiro era para todos. Fomos admirando cada vez mais nossa Janaína. Essa Janaína que nos mobiliza ainda hoje, essa Janaína que conseguiu se destacar da rotina usual de uma grande instituição para

186 O BRASIL DAS CRIANÇAS SEM LUGAR NO MUNDO

menores, que conseguiu ser cuidada, tratada. Por onde andará Ja-naína? As fantasias eram muitas... Deborah chegava a pensar que poderia estar em um pavilhão de crônicos, engordada e feia, jogada... Vinha em mim a lembrança forte de uma visita que fiz ao Juqueri nos primórdios dos anos 1970, aquele cheiro horrível, as mulheres nuas jogadas pelos pátios fétidos... Mas havia também outras fantasias: Janaína poderia ter se casado e hoje ter filhos... Quem sabe...

Chegando perto da história de Janaína

Pelo contrato do Itaú Cultural eu assumira o compromisso de entregar também o *making-of* do documentário. Ou seja, eu deveria registrar todas as etapas e fazer um documentário sobre como o documentário foi sendo construído. Resolvi então chamar para trabalhar conosco uma jornalista, a Maria Carolina Telles, nossa querida Carol. Ela fazia, há cinco anos, um documentário em que vinha acompanhado a vida de algumas meninas infratoras. Conhecia os meandros da Febem. Nós precisávamos conseguir acesso aos arquivos da Febem, pois na sua ficha deveria contar para onde teria ido depois. Carol tinha uma câmera e poderia ir registrando todas as etapas. Trabalhou conosco, mas não fez o *making-of*, que foi feito por Vítor Freire.

Procurei saber onde poderiam estar os arquivos da Febem. Yara nos contara do incêndio de 1992, os arquivos com a ficha de Janaína poderiam ter sido destruídos.

Em uma tarde, no consultório, mesmo sem nenhuma câmera filmando, resolvi tentar chegar aos arquivos. Comecei ligando para a Secretaria Estadual de Assistência e Desenvolvimento Social, fui chegando a serviços tipo "Fale conosco", serviços de recolhimento de menores de rua, aos conselhos tutelares. Até que alguém me diz que os arquivos deveriam estar na Secretaria de Justiça e que eu deveria procurar a Ouvidoria da Febem. Mais um monte de telefonemas. Descubro que há um Disque Direitos Humanos. Vou indo pela internet, o Google vai me abrindo caminhos. Acabo ligando na Febem, converso com uma senhora que me conta de uma criança que estrangulava passarinhos. Não lembra de Janaína. Até que, saindo de uma participação em uma banca de doutorado na PUC, quando ainda estávamos elaborando o projeto, o motorista do táxi que tomei na saída me conta que havia trabalhado na Febem do Pacaembu, onde ficavam as crianças pequenas, e tinha uma vaga lembrança de Janaína. Nossa conversa começou por causa das dores nas costas que sentia, sequela dos anos que passara carregando os bebês e as crianças pequenas de um canto para outro lá. Fiquei com o seu cartão; ele tinha contato com várias pessoas que eram funcionários da Febem daquela unidade, exatamente nos anos em que Janaína passara por lá. Tinha uma vaga lembrança de Janaína.

Mas, naquele dia em que vou telefonando, telefonando, ouvindo histórias, numa busca pelos arquivos da Febem, vou mergulhando nos meandros da burocracia, na busca pelos papéis da história de pessoas, papéis onde os destinos são traçados.

Cheguei assim ao Núcleo de Documentação do Adolescente e ao responsável pelos arquivos, o Sr. Sergio Rinalle. Consigo um telefone impossível, o sinal de ocupado me persegue...

Ficamos sabendo então que precisaríamos de uma autorização para consultar e filmar nossa ida aos arquivos da Febem. Era preciso uma conversa com a diretora da Febem, era o que a assessoria de imprensa nos dizia.

E, se queríamos filmar na unidade da Febem do Pacaembu, a Sampaio Viana, precisaríamos também de uma autorização da

188 O BRASIL DAS CRIANÇAS SEM LUGAR NO MUNDO

Fundação Faculdade de Medicina, que havia comprado do Estado o terreno e as lindas construções, do arquiteto Artur Ramos.

Transcrevo um e-mail da Carol que é tocante (eu até o leio em um trecho do documentário):

> *Enfim, lá fui eu com mais um pedido de autorização, para mais pessoas que me levam a mais outras e a mais outras... realmente uma coisa impressionante o que está acontecendo com nossos órgãos públicos. Já tínhamos a autorização praticamente acertada e como num passe de mágica tudo passa para um outro departamento e lugar...*

Na busca pelas autorizações, vamos continuando nossa busca.

A Janaína não é da Silva, é dos Santos

Marcamos nosso primeiro dia de filmagem! Iríamos até a casa onde havia sido a Clínica Integração, onde Deborah e Lica haviam conhecido Janaína. Iriam nos encontrar Helô (Heloísa G. Rosenfeld) e Maiana (Maiana Rappaport), que tratara de Janaína. Lica ainda mora lá perto e conseguiu que a pessoa que hoje mora na casa aceitasse acolher nossa filmagem. É sempre muito emocionante iniciar um documentário. O primeiro dia é muito significativo. Marcamos bem cedinho na produtora do lado da padaria. Na equipe, além de todas nós (eu, Deborah, Lica, Carol, a Yara nos encontraria depois), o diretor de fotografia (Rinaldo Martinucci), seu assistente (Bruno Martinucci) e o técnico de som (Alfredo Guerra). Fui aprendendo, por minha experiência nos outros documentários, a importância do som e a importância de ter bem clara a concepção da fotografia. Conversei muito com Rinaldo o quanto Janaína havia sido jogada de lá para cá através de suas mudanças institucionais, uma criança que não tinha onde ter ancoragem, uma criança sem porto de chegada nem de partida. Eu queria mostrar essa cidade sem lugar, essa cidade também em errância, esse contato agudizado com um mundo de ventos e trovoadas que levava a um fechamento, à instauração de uma crosta mortífera e salvadora ao mesmo tempo.

Fizemos então nosso primeiro percurso pela cidade. Fomos até onde era a Unidade Sampaio Viana, conversamos com os porteiros, era um domingo. Soubemos de histórias de pais que trazem seus filhos adotados para conhecer de onde vieram. Pais estrangeiros, que buscaram seus filhos em terras longínquas. E que depois voltam com seus filhos que não falam português, passeiam pelos jardins onde antes ficavam os bebês, e, depois, os parquinhos com os balanços e gangorras...

Assim saímos do Pacaembu e fomos rumo à Clínica Integração, buscando fazer o mesmo percurso que Janaína fazia. Um percurso bastante longo, por avenidas e marginais, rumo a um bairro bastante distante da Unidade do Pacaembu.

Heloísa e Maiana logo chegaram. Eu pedia a Rinaldo que fizesse com a câmera o olhar ou o não olhar da Janaína. Entramos, ficamos no quintal onde antes as crianças brincavam e tomavam sol. Maiana e Heloísa haviam trazido os relatórios. Foi quando soubemos que buscávamos uma outra Janaína, a nossa era Aparecida dos Santos.

Janaína ganhou seu nome e ganhou sua história, e assim foi a construção do documentário.

Finalizando

Durante cinco meses buscamos Janaína. Conseguimos a autorização e fomos tanto à Unidade Sampaio Viana como aos arquivos. Entrevistamos funcionários (incluindo o taxista e dois colegas seus), a diretora daquela unidade que conseguiu que Janaína fosse tratada, entrevistamos o pediatra, fomos até o que hoje é a continuação da Clínica Enfance, e finalmente encontramos Janaína.

Paralelamente, visitamos abrigos que hoje lidam com crianças em situação de risco e mostramos que, com a implantação do Estatuto da Criança e do Adolescente, a história passou a ser diferente. Ou pelo menos pode ser diferente.

Janaína foi encaminhada para um hospital psiquiátrico aos 6 anos de idade, em 1986. Encontramos Janaína em Sorocaba, em uma dessas instituições enormes, a Associação de Amparo aos Insanos. Com o desmanchamento das grandes instituições, Janaína foi encaminhada para uma residência terapêutica. Onde os vícios adquiridos no tratamento de insanos eram perpetuados.

Enquanto isso, pessoas que carregam as marcas desse abandono e destrato vão pela vida afora buscando jeitos de poder ser e viver.

Vários profissionais, vendo o documentário, ficam comovidos, falam de como têm trabalhado para que as histórias possam ser diferentes daquelas de tantas Janaínas. Então, acho que já valeu a pena. Ter recortado tantas Janaínas, a partir de Janaína Aparecida dos Santos, faz com que a gente saiba de que forma é possível ser psicanalista fazendo documentários.

Referências

Altoé, S. (1990). *Infâncias perdidas* (2a ed.). Xenon.

Guirado, M. (1980). *A criança e a Febem*. Perspectiva.

Silva, R. (1998). *Os filhos do governo*. Ática.

21. Reencontrando Janaína

Em 2015, 15 de maio, o *Procura-se Janaína* foi exibido no Sesc de Sorocaba. Era parte dos eventos da semana da luta antimanicomial. No caminho, pensei que Janaína foi encontrada em Sorocaba e pensei que ela poderia estar lá. Sabia que ela tinha visto o filme logo depois que ele foi lançado pelo Itaú Cultural. Não souberam me informar o quanto ela havia entendido.

No saguão do teatro do Sesc de Sorocaba sou cumprimentada por uma pessoa que logo me aponta Janaína, sentada em uma poltrona. Comovida, vou até ela e a abraço. Docemente ela sorri. Emite sons, não fala. Lembro que, no documentário, caminhamos com ela pela avenida onde ficava a Associação de Amparo aos Insanos de Sorocaba – era o momento de implementação da lei antimanicomial, o hospital precisava mostrar que os muros estavam sendo derrubados. Fomos caminhando e a psicóloga nos apresentou a residência terapêutica para onde os pacientes eram encaminhados – parte do projeto da lei antimanicomial. Lá vi pessoas jogadas pelos cantos, dopadas. Tanto fazia estar lá ou em um grande manicômio. Muito triste. Continuamos nossa caminhada pela cidade e entramos com Janaína em um pequeno supermercado.[1] Queria presentear Janaína. Com seus ruídos, ela soube mostrar que queria uma sandália cor-de-rosa. Ficou feliz com o presente. Soube se expressar! Naquele momento soube batalhar por algo seu, algo diferente das roupas coletivas que são oferecidas toda manhã.

Agora, passados nove anos, a gesticulação de Janaína é a mesma e os sons também.

Assisti o *Procura-se Janaína* ao lado de Janaína. Percebi momentos felizes, momentos enternecidos. Mas era difícil manter o foco. Eu lhe dizia: olha você, olha a Janaína. Não consegui saber o quanto ela entendeu...

A pessoa que a acompanhava me contou que nos próximos dias Janaína seria operada... algo no estômago. Passados alguns poucos anos, soube que Janaína morreu. Uma pluminha que flutuou pelo mundo.... Um Hurbineck/Janaína que ganhou nome nesse documentário.

---

1 Tudo isso está no documentário *Procura-se Janaína*.

PARTE IX

Sobreviventes

2008

22. Sobreviventes: da pesquisa ao documentário

Todos os temas que tenho abordado são relativos a pessoas que, apesar de terem vivido situações de total objetalização, conseguem se singularizar e encontrar jeitos de respeito ao que os constitui como seres humanos. Essas pessoas são aquelas marginalizadas em nosso mundo. Mas o conceito de marginalidade daria conta da especificidade das situações? O termo minoria também vem sendo utilizado, mas, a meu ver, insatisfatoriamente, visto constituir-se em um critério quantitativo confuso, sem coordenadas claras. "Sobreviventes", termo que vem sendo utilizado para nomear pessoas que passaram por situações-limite como campos de concentração, parece melhor caracterizar aqueles que, criativamente, driblam movimentos mortíferos de nosso mundo contemporâneo.

Em artigo que publiquei (Chnaiderman, 2003), busquei discutir a questão do que seria um sobrevivente.

Eu iniciava o artigo contando de Chalámov Varlam, que, relatando sua experiência em um *goulag*, campo de concentração do stalinismo, fala da sua perplexidade ao ver os cavalos morrendo aos poucos – "os cavalos não se distinguiam em nada dos homens ... embora sua situação fosse cem vezes melhor que a dos homens, eles morriam mais rapidamente que eles..." (Chalámolv, 2015, p. 57). Conclui que o homem é fisicamente o mais resistente de todos os animais e que é o único que força seu espírito a servir com felicidade seu corpo.

Nisso tudo, o conceito freudiano de *Kulturarbeit* ganha enorme relevância. Esse conceito é desenvolvido por Nathalie Zaltzman (1998) em seu ensaio "Perdre la face".

A *Kulturarbeit* é, por seu tecimento entre o único e o impessoal, essa garantia narcísica mínima, que leva a sobreviver em situações de objetalização total. Zaltzman lembra dos prisioneiros de campos de concentração que queriam sobreviver para poder contar para a humanidade o que estavam vivendo. O movimento mesmo dos processos de civilização, o próprio fato da existência de um relato possível da história, dá a cada indivíduo, independentemente de cada história singular, e desde seu nascimento, um capital narcísico inicial, o de uma certeza mínima de existência para outrem.

O desabamento de uma civilização arranca tudo que é perecível na organização da realidade humana. Revela a existência de um resto. Esse resto pertence a esse processo psíquico ativo que se pode nomear a *Kulturabeit*. Esse dado narcísico individual resiste como resto.

O que acontece no inconsciente de cada um quando essa evidência, essa certeza mínima, é ativamente visada pela destruição? O que acontece a cada um quando a função protetora da civilização, por mais ilusória que seja, bascula para a prática aberta da destruição?

Todas essas reflexões levam ao traumático, tema central na psicanálise. Freud, na sua reflexão sobre o que seria o trauma, pensou apenas em fatores quantitativos. O trauma seria uma invasão de estímulos em uma intensidade para a qual o sujeito não estaria preparado. A única forma de defesa seria armazená-lo como um corpo estranho, sem qualquer possibilidade de elaboração.

Queríamos pensar o quanto a qualidade do estímulo invasor contribui ou não para a possibilidade de simbolização.

Proposta do documentário

Foi com todas essas questões que elaborei o projeto para o documentário *Sobreviventes*,[1] que dirigi com Reinaldo Pinheiro.

De que forma a identificação sobrevivente acontece nas diferentes situações? O que é o resto narcísico em cada situação?

Esperávamos estar contribuindo para a reflexão sobre o traumático no mundo contemporâneo. E propor formas de intervenção que possam levar à possibilidade de elaboração simbólica de um cotidiano cada vez mais atroz. Muitas vezes, ter passado por situações de objetalização pode levar a fundamentalismos, fechamento em mundos empobrecidos, reações paranoides a situações realmente agressivas. O fato é que nossa cultura não vem conseguindo dar conta do que nos constitui enquanto seres humanos, o que vem levando a explosões de violência, evidenciando uma inépcia em fornecer instrumentos que levem à possibilidade de simbolização. Trabalhar qualitativamente o traumático, poder singularizar a experiência de cada um e, sem *a priori* ideológico,

---

1 *Sobreviventes*. Direção: Miriam Chnaiderman e Reinaldo Pinheiro, 54 minutos, 2009.

trazer uma contribuição para poder pensar de que forma é possível intervir em um mundo cada vez mais consumista e imediatista, onde a velocidade vai levando a um não contato com o mundo interno. A repetição do traumático passa a ser então a única saída possível: faço ao outro o que me fizeram. A meta é romper tal círculo vicioso.

Realizando o documentário

Queríamos entrevistar pessoas que traziam em suas histórias diferentes situações traumáticas. Foram consideradas as seguintes situações:

1. A tortura e a psiquiatrização.
2. O racismo e a discriminação sexual.
3. O preso e o sem-teto.
4. O desempregado e o gari de rua e/ou a empregada doméstica.
5. O exilado e o emigrado (que vem para o centro urbano buscando trabalho).

Transformar a reflexão em um roteiro de documentário, utilizar o documentário para repensar conceitos fundamentais levaram a reafirmar a riqueza de trocas possíveis entre psicanálise e cinema.

Referências

Chalámov, V. (2015). *Contos de Kolimá*. 34.

Chnaiderman, M. (2003). Homens e cavalos – rufos e uivos incinerados. *Jornal de Psicanálise – SBPSP, 36*(66-67), 295-367.

Zaltzman, N. (1998). Perdre la face, Narcissisme et kulturarbeit. In N. Zaltzman, *De la guérison psychanalytique* (pp. 32-67). PUF.

23. Transformando ideias em imagens: sobre a realização do documentário

Em um e-mail que mandei para nosso assistente de direção, o Vitor Freire, depois de ter entrevistado todos os personagens sobreviventes, eu falava em um "cansaço ancestral" pós-filmagem e pós-entrevistas. Não era o mesmo cansaço de outras filmagens. Não era o cansaço que eu e a equipe sentíamos quando saíamos para filmar em cemitérios, aquele plúmbeo do contato com a dor da morte e que fez com que nenhuma diária na filmagem do *Artesãos da morte* durasse mais do que cinco ou seis horas. Agora era o cansaço do contato com a dor, o cansaço do imenso cuidado e carinho que quisemos ter com as pessoas que vieram expor suas feridas. Talvez o cansaço que essas pessoas vivem. O cansaço de transformar a dor em ternura, a luta cotidiana pela vida. Uma acompanhante terapêutica, Daniela Patrícia (chamamos acompanhantes terapêuticas para receber os nossos personagens já no carro que os buscava; queríamos que se sentissem cuidados e aconchegados), falou na experiência de "cossobreviver com os convidados do documentário". Tínhamos todos cossobrevivido. As filmagens ainda não haviam terminado e eu sentia esse cansaço ancestral. Como meu parceiro, Reinaldo Pinheiro, que codirigiu o filme, devia sentir. Ainda deveríamos filmar o Ueinzz Cia. de Teatro, que deveria fazer a costura entre os diversos depoimentos. Mas, depois das entrevistas, talvez eu sentisse o mesmo sentimento que fez a jornalista Eliane Brum, ao assistir o documentário na televisão, adormecer, conforme relata em texto seu sobre o documentário (Brum, Revista Época, 2009). Hoje penso que precisei adormecer como aquele sono que invade quando vivemos o traumático – lembro que depois que passei por um acidente de ônibus, embora não tivesse grandes machucados, passei meses com muito sono, precisando dormir muito. O ônibus foi ponte abaixo, caiu vários metros dentro de um rio. Em plena escura madrugada, indo para o Rio de Janeiro. A corredeira, a água na cara, os gritos. Gente machucada. Depois, em casa, eu só queria dormir. Eu, ainda adolescente, não podia falar em um "cansaço ancestral". Quando usei essa palavra no e-mail para o Vitor, devia estar me referindo a estar sentindo a dor do mundo, a dor de todas as dores. Haviam sido dias e dias tocando feridas. Feridas da alma. Sempre pensei que também nós, psicanalistas, deveríamos ganhar pela insalubridade em nossos trabalhos. Não é porque não vemos sangue em nossos cotidianos que as feridas doem menos. Almas machucadas, costuradas, estropiadas, sufocadas.

Antes da filmagem, a pesquisa havia iniciado esse processo de contato com a dor e a possibilidade de transformação disso tudo.

Uma vez tendo ganho o edital, eu e Reinaldo Pinheiro constituímos nossa equipe inicial. Mais uma vez chamamos Maria Carolina Telles, a Carol, que tanto havia nos ajudado no *Procura-se Janaína* para fazer a pesquisa. Tínhamos que buscar pessoas que passaram por situações-limite, pessoas que estiveram próximas da morte, nesse limiar tão tênue em que a vida pode vencer ou morrer.

Chamamos Vitor Freire para trabalhar conosco como assistente de direção. Ele foi também o montador. Conhecia seu documentário *Tião reciclado* e alguns trabalhos que ele reunira em um portfólio. Sua sensibilidade me encantara. Edu Gioia foi o produtor de campo. Jay Yamashita seria o diretor de fotografia. Participou de nossas discussões desde o início.

Começamos discutindo como encontrar o lugar onde os depoimentos aconteceriam. A ideia inicial era um palco. Mas Reinaldo sugeriu a ideia de "uma luz no fundo do túnel". Pois o que era muito evidente é que foram pessoas que, com sua força de vida, sobreviveram a situações atrozes. Ou seja, por mais dolorosas que fossem as situações, haveria sempre a superação. Sem alguma "transcendência" (era esse o termo que Reinaldo empregava) não estariam sequer podendo dar o depoimento. Transcendência como imanência de forças de vida.

Começamos nossa busca por túneis com uma luz ao fundo. Andamos por viadutos habitados por figuras esfarrapadas em busca do sopão distribuído em uma perua. Visitamos fábricas antigas, andamos por bairros inusitados com galpões abandonados. Começamos a pensar na poltrona onde os sobreviventes dariam seus depoimentos. Vítor pensava em um sofazinho onde cada um daria o seu. Lembrei da minha experiência na Casa das Rosas, quando era dirigida por José Roberto Aguilar:[1] nove artistas passariam por uma reclusão dentro da casa e fui chamada para acompanhar, como psicanalista. Chamei uma equipe de acompanhantes terapêuticos e achei importante que um psiquiatra também fizesse parte da experiência. Chamei Moisés Rodrigues, que teve a ideia de pedir para cada personagem trazer um objeto do seu dia a dia para acompanhá-lo. Linda ideia que reproduzi, pedindo agora que

---

1 Casa das Rosas, exposição "Imanência", 1999.

os depoentes trouxessem um objeto que os remetesse à situação--limite. Assim foi sendo tecido o documentário.

Vitor, a partir de fotos que fiz de uma locação, fez o que chamou de "rascunho".

Era uma fábrica abandonada que ficava num bairro de São Paulo distante. Edu, nosso produtor, fez o contato com a imobiliária e o proprietário. Nesse meio-tempo já tínhamos contatado a Casa das Caldeiras, antiga fábrica dos Matarazzo e que hoje aluga o espaço para festas e exposições. Nos porões, exatamente no corredor que desemboca na imensa chaminé, era possível, segundo Jay, fazer uma luz que desse a ideia de fim de túnel. Acabamos escolhendo essa locação.

Agora era preciso escolher o sofá ou a poltrona. Edu começou sua peregrinação por lojas de móveis usados. Tinha que ser bem confortável, pois sabíamos que as entrevistas seriam doloridas e incômodas. Acabamos escolhendo uma linda poltrona verde. Os depoimentos todos deveriam acontecer de modo uniformizado, no mesmo lugar, pois o que nos interessava era chegar no âmago das almas, chegar naquilo que faz com que todos nos sintamos humanos. Chegar no que Nathalie Zaltzman nomeia como identificação com a espécie humana, uma identificação sobrevivente. Essa identificação nos une, eliminando hierarquias.

Discutimos bastante com Jay (diretor de fotografia) e decidimos trabalhar com duas câmeras. Uma câmera enquadraria o personagem como um todo, variando apenas a distância, e a outra câmera captaria detalhes das mãos, dos olhos, crispações. Eu dizia que a câmera deveria captar a alma dos personagens.

Radicalizamos nossa busca pela identificação com a espécie humana; nossos personagens são seres humanos lidando com suas dores atrozes e era esse o nosso foco. Era isso que nos interessava.

O grupo Ueinzz

Enquanto isso, era preciso ir preparando o Grupo Ueinzz para a filmagem. E também pensar onde aconteceria essa filmagem. Na própria Casa das Caldeiras? Comecei a frequentar os ensaios, e a pensar junto com o grupo. Como o grupo já se apresentara no Teatro Oficina, houve um pedido para que as filmagens acontecessem lá. Tudo era muito delicado, dadas as características do grupo.

O grupo Ueinzz surgiu em 1995, a partir do trabalho com pacientes psiquiatrizados do hospital-dia A Casa, inicialmente sob a direção teatral de Sérgio Penna e Renato Cohen. Com a participação do músico Wilson Sukorzky, descobriram sons e línguas inusitados. Assim Peter Pal Pelbart (2000) relata o nascimento do nome do grupo:

> os diretores coordenam um exercício teatral sobre os diferentes modos de comunicação entre seres vivos: palavras, gestos, postura corporal, soma, música, tudo serve para comunicar-se. Um exercício clássico sobre as várias linguagens de que se dispõe: cada animal tem sua língua, cada povo tem a sua, às vezes cada homem tem seu próprio idioma, e não obstante nos entendemos, às vezes. Pergunta-se a cada pessoa do grupo que outras línguas fala, e o paciente do gemido, que nunca fala nada, responde imediatamente e com grande clareza e segurança, de todo incomuns nele: alemão. Surpresa geral, ninguém sabia que ele falava alemão. Foi preciso o ouvido de dois estrangeiros para escutarmos que aquele que acompanhamos há muito tempo falava "alemão". E que palavra você sabe em alemão? Ueinzz. E o que significa Ueinzz em alemão? Ueinzz. Todos

riem – eis a língua que significa a si mesma, que se en-
rola sobre si, língua esotérica, misteriosa, glossolálica.
... Processo originário da linguagem que o despotismo
da gramática e da significação ainda não recalcaram.
(p. 99)

Era por tudo isso que havíamos escolhido o Grupo Ueinzz – um grupo teatral composto de sobreviventes na busca de uma língua para além de qualquer língua.

Mais uma vez, Edu batalhou o espaço do Teatro Oficina para um dia de filmagem.

É bonito esse processo em que o filme vai sendo construído.

Inúmeras reuniões e e-mails foram definindo quem seriam nossos entrevistados. Cada um de nós mergulhou nas feridas e dores e assim fomos pelo mundo afora.

Começamos a pensar quem seria um sobrevivente. Tom Zé é sobrevivente? Sim... José Celso Martinez Corrêa é sobrevivente? Claro. Rita Lee, Renato Pompeu, Gabeira... Elke Maravilha. Lembramos de Doris Giesse, que sobreviveu a um tombo! Lembramos de pais com filhos baleados, de assaltantes que sobreviveram à polícia. Fomos nos perdendo entre as histórias e nos sentindo sobreviventes também. Entramos em contato com serviços de proteção e trabalho com vítimas da violência. Queríamos saber se alguém atendido por eles poderia dar um depoimento. Na reunião que fizemos percebemos a enorme dificuldade que se delineava: pessoas que foram sequestradas, assaltadas, com familiares próximos assassinados, vivem no temor da retaliação, seria difícil que se dispusessem a aparecer em um documentário para a televisão. De fato, essa questão acabou impedindo que tivéssemos um depoimento de alguém que viveu um sequestro ou um assalto. Tentamos inclusive que pessoas sequestradas por terem muito dinheiro viessem dar um depoimento.

Sempre é difícil romper o silêncio escolhido, como se essa fosse a melhor forma de lidar com o traumático.

Surgiu a discussão sobre cachê e decidimos que todos deveriam receber algum dinheiro.

Tínhamos que encontrar alguém que tivesse levado choque devido a tratamento psiquiátrico. Entrei em contato com o Caps Butantã. Do grupo Ueinzz algumas pessoas se dispuseram a falar dos choques que levaram. Mas o Ueinzz teria um lugar específico no documentário, não deveríamos misturar os papéis. A cada momento, difíceis decisões eram tomadas.

A uma certa altura, já organizando o cronograma da filmagem, tínhamos assim reorganizado nossa proposta de trabalho:

Da escolha à total arbitrariedade do destino

Um sobrevivente de um estado de coma, alguém que superou um câncer e alguém que quase morreu por *overdose*.

Situações de violência extrema

Esse pode ser um bloco de quatro pessoas:

- Sobrevivente da Segunda Guerra.
- Policial.
- Jornalista investigativo com diversas histórias de situações-limite.
- Sobrevivente de campo de concentração.
- Ainda buscando um sobrevivente de chacina ou sequestro.

Alguém que descobre o vírus da aids e alguém que descobre um câncer

Já tínhamos esses dois depoimentos.

Situações de discriminação racial e sexual

Já tínhamos os dois depoimentos.

O que passou por choque elétrico na tortura e o que passou por choque elétrico em um tratamento psiquiátrico

- Continuávamos buscando alguém que tivesse recebido choque para tratamento psiquiátrico.
- Já tínhamos dois depoimentos de pessoas que haviam sofrido choque elétrico durante a tortura.

Superações radicais

- Um morador de rua.
- Mãe que perdeu três filhas num soterramento e adotou uma criança.
- Ex-presidiário que virou escritor.

Acabamos incluindo também alguém que passou por situação-limite fazendo esportes radicais e um sobrevivente de um acidente aéreo.

Como aconchegar os depoentes

Fiz algumas reuniões com as acompanhantes terapêuticas; sabia que as pessoas iriam nos encontrar para falar de algo extremamente doloroso. Queríamos que fossem aconchegados, recebidos com carinho. Eu sabia que teria um papel difícil, de criar condições para que as pessoas falassem. Reinaldo Pinheiro deveria se preocupar com os movimentos de câmera.

E assim foi durante a filmagem. Vivemos situações difíceis, mas, em geral, as pessoas saíam aliviadas de seus depoimentos. A maior parte veio com sua família, as mulheres escutavam os depoimentos com orgulho. A mãe que perdeu as filhas num soterramento contou que nunca fala disso com o marido, que os dois preferem o silêncio. Saiu aliviada do depoimento.

Alguns depoimentos não entraram na edição final. Eram depoimentos sem nenhum contato com a dor, depoimentos por vezes de petrificação num lugar vitimado. Outros depoimentos foram superficiais, não havia como estabelecer um contato com a dor e a superação. A travesti, nervosa demais, acabou falando muito pouco da terrível situação de agressão pela qual havia passado.

Foi uma experiência de escuta fora do consultório, cercada de câmeras, computadores, luzes. E as pessoas falavam e falavam. Depois, em um debate, Yanina Stasevskas me apontou que o falar, sabendo que essa fala será depois vista e ouvida em situações públicas, traz cidadania às pessoas que dão seu depoimento. A fala fica politizada.

Tomei um enorme cuidado com cada um dos depoentes. Interrompia o depoimento sempre em um momento no qual a criação e a ternura imperavam. Senti um imenso carinho e admiração por todos eles.

Na montagem, junto com Vitor, buscamos as almas, os esgares, as crispações. Que se explicitam em gestos recortados do Ueinzz Cia de Teatro. E a difícil escolha de não contar no documentário que o Ueinzz é um grupo de sobreviventes.

Afinal, sobreviventes somos todos.

Questão final

Já no projeto inicial havia um questionamento de certos lugares petrificados e hierarquizados em relação às dores de cada um. Eu não priorizava as vítimas da ditadura ou do nazismo. A questão era o sofrimento humano, de maneira geral. A busca era pela alma dolorida, marcada, mas que superava e criava.

Isso ampliava a questão dos direitos humanos, dava uma amplitude enorme para nossa responsabilidade para com o sofrimento humano de maneira geral.

Eliane Brum (2009) termina seu texto afirmando que o filme é sobre os viventes. É verdade. A experiência da dor dá uma enorme contundência para a vida. E é sobre a vida que todos meus documentários falam. A vida que se faz presente nas condições mais atrozes. Por isso talvez esse documentário seja o documentário de todos os outros documentários.

Referências

Brum, E. (2009, 27 de abril). *Sobreviventes*. Desacontecimentos. http://desacontecimentos.com/?p=494

Pelbart, P. P. (2000). Ueinzz, viagem a Babel. In P. P. Pelbart, *Vertigem por um fio* (pp. 99-112). Iluminuras.

24. Buscando baobás na aridez do asfalto: instaurando origens[1]

Em um muro de uma esquina da árida e cinza cidade de São Paulo lemos: "Todo camburão tem algo de navio negreiro". Essa marca da humilhação e da submissão ligada a uma história de luta e revolta permeia a história da negritude em nosso mundo. Até hoje.

É tocante a fala de Valter Silvério no documentário *Sobreviventes*, dirigido por mim e Reinaldo Pinheiro, em 2009. Valter, um senhor negro, mostra a sua dor e fala de uma infância marcada pela discriminação e preconceito.

Valter nos fala:

> *Várias das situações que eu tinha vivido, desde criança, passando pela adolescência e início da vida adulta*

---

1 Este texto é uma reflexão sobre o racismo feita oito anos depois do lançamento do filme *Sobreviventes*. Foi originalmente publicado na *Reveduc – Revista Eletrônica de Educação*, 9, agosto de 2015. Depois, foi republicado como parte da coletânea *O racismo e o negro no Brasil: questões para a psicanálise* (Noemi Moritz Kon, Maria Lúcia da Silva, Cristiane Curi Abud (Orgs.). (2017). Perspectiva).

eram situações de discriminação racial. Eu comecei a ter percepção dessas situações, sem saber nomeá-las, muito cedo. E eu queria entender, eu brigava muito na escola, e os apelidos de negrinho sujo, então tudo isso era um ambiente em que eu me rebelava o tempo todo.

Eu vivi várias situações de discriminação na rua. Quando me chamavam de negrão, com botina de soldado ou macaco . . . eu brigava.

Depois, o choro explode, em um dolorido relato de uma situação escolar, já na adolescência.

Talvez a situação que tenha me marcado mais profundamente foi um professor no colégio . . . esse professor, ele disse que eu era muito inteligente mas era uma pena que eu era negro. Isso foi um momento de . . . Isso mudou a minha vida. Eu . . . eu não respondi . . . Mas meus colegas responderam. Nós passamos a assistir aula de costas.

Nessa situação, Valter atualiza toda sua luta para se constituir como sujeito psíquico. Há algo de inaugural nisso que é reexperienciado naquele momento. "Todo processo de constituição de subjetividades é deflagrado, segundo Laplanche, pelo encontro da criança com a *alteridade do adulto*, com o adulto em sua *estranheza*" (Figueiredo, 1998, p. 73). Frantz Fanon afirma que "o homem só é humano na medida em que ele quer se impor a um outro homem, a fim de ser reconhecido" (Fanon, 2020, p. 180).

No momento descrito por Valter, um outro invasivo e cruel introduz uma violência atroz. Algo que a criança negra, em nosso mundo ocidental, vive desde o momento em que é concebida.

Se a subjetividade, em todos nós, constitui-se a partir de um outro, se o mundo adulto propõe sempre algo que o bebê ainda não consegue decodificar, o negro, em nosso mundo, parece estar condenado a viver esse momento permanentemente. O mundo de brancos é estranho, a constituição de sua imagem corporal se dá por caminhos tortuosos.

Isildinha Nogueira (1998), em sua tese de doutorado publicada em 2021, mostra como "a criança do projeto e do desejo da mãe certamente não está representada no pequeno corpo negro, que o olhar materno, inconscientemente, tende a negar. A mãe negra deseja o bebê branco, como deseja, para si, a brancura". A criança negra vai sempre lutar com ter uma imagem de si que "não corresponde à imagem do desejo da mãe" (p. 108). A identificação imaginária vai ser sempre atravessada pelo ideal da brancura.

Afirma Fanon (2020): "O negro, em determinados momentos, fica enclausurado no próprio corpo" (p. 186).

Sueli Carneiro (2011) nos mostra como "vem do tempo da escravidão a manipulação da identidade do negro de pele clara como paradigma de um estágio mais avançado de ideal estético humano" (p. 64). Todo negro deveria buscar o embranquecimento.

Tal como afirma Jurandir Freire da Costa (citado por Carneiro, 2011): "ser negro é ser violentado de forma constante, contínua e cruel, sem pausa ou repouso por uma dupla injunção: a de encarnar o corpo e os ideais de ego do sujeito branco e a dor de recusar e anular a presença do corpo negro" (p. 80).

Isildinha Nogueira (citada por Carneiro, 2011) afirma:

> à medida que o negro depara com o esfacelamento de sua identidade negra, ele se vê obrigado a internalizar um ideal de ego branco. No entanto, o caráter

> *inconciliável desse ideal de ego com sua condição bio-*
> *lógica de ser negro, exigirá um enorme esforço a fim de*
> *conciliar um ego e um ideal, e o conjunto desses sacrifí-*
> *cios pode até levar a um desequilíbrio psíquico. (p. 80)*

Sueli Carneiro relata que quando sua filha Luanda nasceu, seu marido branco, ao ir registrá-la no cartório, teve que lutar para que colocassem que é negra. O escrivão colocou que era "branca" e, como o pai retrucasse, ele colocou "parda". Foi uma luta até que colocasse "negra". Decepcionado, o escrivão pergunta: "Puxa... ela não se parece nem um pouquinho com você?".

A mãe tem o ideal de brancura porque a sociedade em que vivemos também busca esse mesmo ideal. Sueli Carneiro quer romper com isso e poder ver sua filha como negra "de carapinha", conforme relata.

Em documentários que realizei para o programa São Paulo Educando pela Diferença para a Igualdade, do Núcleo de Estudos Afro-brasileiros da Universidade Federal de São Carlos,[2] pude constatar, conversando com crianças, a dor de ter que enfrentar ironias maldosas sobre o cabelo.

Fanon (2020) cita "o preto" Juan de Mérida:

> *Que infâmia ser negro neste mundo!*
>
> *Não são os negros homens?*
>
> *Têm eles por isso uma alma mais vil, mais desajeitada,*
> *mais feia?*
>
> *E por isso ganham apelido*

---

2 Os documentários são *Isso, aquilo e aquilo outro* (2004) e *Você faz a diferença* (2005).

Levanto-me pesado sob a infâmia da minha cor
E afirmo minha coragem ao mundo....
É tão desprezível ser negro? (p. 224)

Voltando à fala de Valter no documentário *Sobreviventes*: "Mesmo quando você esquece, sempre alguém vem te lembrar. Essa lembrança é sempre uma lembrança que te remete a um lugar que, depois eu fui apreendendo, é o lugar da não-humanidade, da semi-humanidade, e isso sempre foi muito dolorido".

Marcelo Viñar (1994), psicanalista uruguaio, inicia seu ensaio "O reconhecimento do próximo" lembrando Pierre Clastres em seus estudos de tribos indígenas sul-americanas: "Os indígenas designavam-se com um vocábulo que, em sua língua, era sinônimo de 'os homens', reservando para seus congêneres de tribos vizinhas termos como 'ovos de piolho', 'sub-homens' ou equivalentes de valor depreciativo". Depois conta de uma menina uruguaia que confessa sua repulsa por um menino japonês que acabara de ingressar na sua classe. Viñar vai nos mostrando como conhecer e qualificar o outro "é um problema árduo e interminável como um labirinto" (p. 8). Propõe como tarefa gerar narrativas que permitam simbolizar a presença do semelhante e do diferente em duas existências não excludentes, sabendo que a metáfora conciliadora e a metáfora da exclusão estão sempre rondando, podendo culminar ou na epifania de um entendimento, ou na monstruosidade de um sacrifício e de um torturador.

Viñar (1994) cita Castoriadis:

> *O racismo participa de algo muito mais universal do que se admite habitualmente. É um fruto particularmente agudo e exacerbado, especificação monstruosa de um traço que se constata empiricamente como sendo*

quase universal nas sociedades humanas. Trata-se da incapacidade de constituir-se como si mesmo sem excluir o outro, e da incapacidade de excluir o outro sem desvalorizá-lo e, finalmente odiá-lo. (p. 9)

O importante no ensaio de Viñar (1994) é a lembrança de que "há um ponto originário, mítico, mágico ou sagrado no qual se discrimina o familiar do estrangeiro, o próprio do estranho" (p. 12). Conta-nos como a observação de bebês situa por volta do oitavo mês a fobia ao estranho. A criança saúda com alegria a mãe e chora diante de alguém desconhecido. Se a criança não chora diante do desconhecido, segundo M. Klein, isso seria um mau presságio para sua organização psíquica futura. Ou seja, os psicanalistas vão afirmar a função estruturante dessa primeira discriminação.

Enorme paradoxo então se delineia, para a psicanálise: haveria, no trabalho com o inconsciente, a proposta de uma radical abertura para a alteridade, a começar pela que nos constitui. Mas, ao mesmo tempo, o sujeito se constitui no encontro com o reflexo de si no outro. A partir disso, discrimina e não quer saber dos rostos que não são familiares.

Radmila Zygouris (1998), psicanalista que vive na França, também nos mostra como "a xenofobia se enraíza no universo infantil do medo" (p. 194).

A questão de Viñar então é entender como se constituem os traços identificatórios que se referem ao vínculo social, "e que definem por sua vez a comunidade – conjunto trans-subjetivo – e/ou os sujeitos que a constituem". Lembra do termo que Lacan cunhou, a "extimidade", para indicar o traço de intimidade que se lê no exterior. Seria o que Freud denominou de "almas coletivas". Como o sujeito passa da insuportabilidade do estranho para traços identificatórios coletivos?

Caminhando com Viñar (1994):

> *O que é necessário detectar na exaltação dessa alma plural que nos constitui não deve ser buscado apenas no seu interior, mas em sua necessidade estrutural de fabricar ou de gerar outra figura complementar e imprescindível: a figura do estrangeiro ou a do inimigo. (p. 12)*

A filogênese repete a ontogênese? Pois também o ser humano não nasce xenófobo, vai nos mostrar Radmila Zygouris. A rejeição do não familiar aparece depois do reconhecimento da própria imagem no espelho. Inicialmente, a identificação com a espécie humana prevalece sobre todo outro tipo de identificação.

Zygouris (1998) descreve lindamente esse processo:

> *Um belo dia a criança se reconhece no espelho e percebe que é menino ou menina, fica em pé e nomeia, diz não e para de sorrir a qualquer um. As primeiras palavras da criança servem para nomear as figuras familiares e a si própria. Mamãe, papai, bebê, João ou Júlia. Aquilo que não sabe nomear e que não lhe é designado cai no território do estrangeiro. Seu universo familiar se constrói com as fronteiras às quais os adultos que a cercam concedem vistos a seu bel prazer. E um belo dia os estrangeiros estão atrás da porta. A língua materna, os rostos familiares, a integração de um "nós" restringem o campo das identificações primeiras e cercam o mundo. O estrangeiro é, em primeiro lugar, o significante de um espaço desconhecido. A linguagem, específica do devir humano, é ao mesmo tempo, uma instância recalcante*

*da capacidade inicial de identificação com a espécie
humana como tal. (p. 195)*

Mas a identificação com a espécie humana permanece recalcada. E ressurge com força em situações-limite.

O que acontece quando o bebê que nasce é, de fato, um estrangeiro? Na constituição de seu psiquismo a discriminação se dá por vetores invertidos. O recorte e a estrangeiridade acontecem a partir de um ambiente hostil, ou de um olhar de mãe que não pode se encantar com a negritude ou qualquer traço em que um destino de luta e dor esteja traçado.

Mas será que o "nós" (etimologicamente origem da palavra "grupo", ou seja, suposição do espaço interno) só pode se formar na busca de uma identidade constitutiva que precisaria do estrangeiro para existir?

Viñar (1994), com humor, fala que, "cem anos depois das descobertas freudianas, qualquer psicanalista sabe que nenhuma pessoa pode dizer, conclusivamente, quem é" (p. 13). Mas vai apontar o quanto se busca a totalização, o quanto a fragmentação é insuportável. O fato é que a ideia de que existiria uma identidade que definiria o sujeito psíquico vem sendo criticada como uma ideia totalizante que não leva em conta a multiplicidade de que somos feitos. Mas ainda é possível observar tendências de pensamento que mostram a busca de uma essência que constituiria o ser humano e que teria a ver com a noção de identidade.

Freud já introduzira a existência de uma alteridade na interioridade – somos muitos. Já em Freud, o "Eu" era definido como o conjunto de identificações que cada sujeito vai fazendo no decorrer de sua vida. Ou seja, somos portadores de várias identificações.

Lacan (1966) inicia seu ensaio "O estágio do espelho como formador da função do eu" afirmando que quer contribuir com uma reflexão sobre "a função do eu na experiência que dele nos dá a psicanálise". É preciso compreender o estágio do espelho

> *como uma identificação . . . ou seja, a transformação produzida no sujeito, quando ele assume uma imagem . . . Esse assumir jubilatório de sua imagem especular . . . nos parecerá desde então manifestar em uma situação exemplar a matriz simbólica na qual o eu se precipita em uma forma primordial. (p. 94)*

A forma total do corpo é muito mais constituinte do que constituída, sendo dada em uma exterioridade, em uma simetria invertida. A aparição dessa imagem simboliza, para Lacan, a permanência mental do *eu* ao mesmo tempo em que "antecipa seu destino alienante".

Há "um olho mítico", onde vemos primeiramente nosso eu fora de nós. É o olhar de um outro que permite a constituição de uma imagem unitária, surge um *eu* sempre mediado pela relação com um outro. O sujeito se vê como é visto por seus semelhantes. É essa a alienação fundante do sujeito psíquico.

Na experiência traumática que Valter expõe, o que explode é a constituição da própria imagem. Deixa, naquele momento, de ser possível ter retorno do semelhante que reconhece e introduz a possibilidade de humanidade. O corpo desaparece e o choro explode, dificultando a fala.

Esse colapso da imagem reativa a experiência original, com a mãe buscando o bebê branco em seu filho negro. Segundo Isildinha Nogueira (1998), isso pode levar "a criança negra a ir mais além do desejo de querer ser branca: passa a tentar se assemelhar ao branco no vestir, no cabelo, etc." (p. 128).

Fanon (2020), nas primeiras páginas de seu lindo livro supracitado, vai nos mostrar esse fenômeno nas pessoas de Martinica que passaram por Paris e que querem esconder seu idioma nativo. Há um apagamento da história.

Mas, naquele momento na escola, Valter tomou a decisão de ser professor para não deixar que situações como essa aconteçam. E dedicou sua vida a lutar pela educação e pela dignidade do negro. "Eu descobri que eu tinha que ser professor porque... pra poder fazer a formação das pessoas de uma outra maneira."

Isildinha Nogueira (1998) nos mostra o quanto "os negros, em função da condição de escravos, não constituíram a noção de pertencer a uma linhagem" (p. 131). A criança não tem uma noção de antepassados.

Há uma ruptura na história familiar dos negros, não há uma percepção de continuidade de herança familiar que possa preencher imaginariamente, o buraco provocado pela ruptura. Uma ruptura que começa já na chegada ao Brasil, quando os negros africanos foram propositadamente separados de seus familiares e vizinhos, perdendo a possibilidade de se comunicarem na língua de origem. Afirma Isildinha Nogueira (1998): "Expatriado, sem referências pessoais, apartado de sua língua e alheio aos costumes locais, vai-se despossuído de sua humanização que somente as estruturas do sistema cultural garantem" (p. 131). A língua de origem, a língua materna.

Ana Gebrim (2020) nos fala da língua materna como língua dos afetos, dos prazeres, de tudo aquilo que rodeia para expressar a própria vida. Modelo "da inscrição simbólica no corpo, a lei é introduzida através da língua materna. Língua que deixa traços, marcas, pegadas, vestígios quase anatômicos, é a inscrição no próprio corpo, ou mesmo, a própria pele, diria Freud sobre essa mesma língua" (p. 134). Conta como, para os gregos, inicialmente foi a única língua sendo equivalente ao *logos*. Cita Todorov, que fala da coincidência de sentidos da palavra *logos* em grego: "Um ser que não pode falar aparece como incompletamente humano" (p. 135).

É Todorov (1996) também que lembra que em 1492, em uma carta ao reino da Espanha, Cristóvão Colombo, referindo-se aos povos nativos que encontrara na América, escreve: "Se Deus assim o quiser, no momento da partida levarei seis deles a Vossas Altezas, para que aprendam a falar" (p. 42).

O importante nesse trabalho de Ana Gebrim é a relação que ela estabelece entre a língua da fala e a língua do corpo, que sustenta a fala. Afirma: "muito mais do que *logos*, língua é talvez uma das mediações mais radiais entre o corpo e todo o mundo externo" (2020, p. 115).

A ausência de linhagem, apontada por Isildinha, passa pela perda da língua materna. Essa língua materna que Ferenczi denominava como sendo a língua da ternura. Essa língua que é anterior ao medo do estrangeiro e que é feita de sussurros e suspiros e gozos. E que dá a base encarnada para que a língua da cultura se instale. Lembro aqui da importância do ídiche na diáspora dos judeus. É uma língua oral, em que predominam expressões afetivas. Na diáspora negra, os cantos, a linguagem corporal talvez tenham tido a mesma função.

Quando Valter chora, é porque lhe falta o chão dessa passagem necessária da língua da ternura para a língua da cultura. Mas, heroicamente, resgatando a identificação com a espécie humana, Valter decide ser professor. Afirma Zygouris (1998): "O projeto é a única parada que vem, imaginariamente, fazer horizonte para se intercalar entre o presente e a morte certa" (p. 203). No momento em que decide ser professor, Valter escapa do esfacelamento corporal que a discriminação lhe impingira.

Concluindo: sobre a clínica e o cinema

Jacques Hassoun (2011) inicia seu belo livro *Os contrabandistas da memória* afirmando: "Transmitir uma cultura, uma crença, uma pertinência, uma história, pareceria óbvio. Isso parecia natural". Mas uma transmissão bem-sucedida "oferece àquele que a recebe um espaço de liberdade e uma base que lhe permita deixar o passado para melhor reencontrá-lo" (p. 17).

Mas o que acontece quando os herdeiros de uma história ancestral são impedidos de dar continuidade a essa linhagem?

Hassoun vai se debruçar sobre as crianças nascidas na França de pais imigrados que perderam o cotidiano de seu meio familiar, seu modo de vida, sua cultura, sua história.

Ele fala de "uma língua de contrabando" para significar essa herança involuntária de palavras ou de experiência saída de outro tempo. Apesar de si, o sujeito traz nele a língua da infância, a língua maternal que esqueceu, e que, no mais profundo dele mesmo, trabalhou seu ser e construiu sua identidade.

No Prefácio ao livro de Hassoun, Antonio Spire nos fala como transmitir supõe dar todo lugar a essa "língua do esquecimento". Para Hassoun, a transmissão só pode ser uma cocriação na iniciativa de duas gerações: nós construímos com nossos descendentes aquilo que nós lhes transmitimos. Como se, com eles, participássemos de uma espécie de obra de arte.

Penso ser essa nossa função como psicanalistas: a explicitação dessa língua do esquecimento. Dar lugar ao recalcado do exílio forçado buscando resgatar a língua materna.

É onde cinema e psicanálise se encontram. Por meio do trabalho com imagens, em meus documentários, busco dar voz àquilo que, em nosso mundo ocidental, vem sendo colocado embaixo do tapete: a questão da loucura que se esparrama pela cidade, a morte como tabu, a institucionalização, a intolerância.

Glauber Rocha, no filme *O leão de sete cabeças*, filmado no Congo, falou em uma afinidade latino-africana. Ou buscou na África formas de lidar com o nosso recalcado.

Na clínica, é preciso refletir sobre formas de lidar com essa língua do esquecimento.

Na França, Tobie Nathan vem provocando importantes polêmicas. No seu livro *A influência que cura* (Nathan, 2001), costuma tratar a população que atende e que são os refugiados africanos e árabes usando dos mesmos recursos de seus lugares de origem. O terapeuta passa a ocupar o mesmo lugar que o xamã da tribo. Foi importante a contribuição de Nathan, pois obrigou a repensar toda a psicopatologia ocidental. Mas não será essa mais uma proposta que não instrumenta para lidar com a diferença? Não cairíamos aqui na infantilização do diferente, aumentando sua fragilidade num mundo onde é minoria? Fanon, com muita dor, mostra como o exagero de consideração no trato do negro explicita, pelo avesso, o mesmo preconceito e discriminação.

Penso que o que podemos fazer é buscar narrativas que possam dar conta do inenarrável. O que é sempre um desafio. Construir mitos, inventar histórias. Criar línguas de ternura que embasem o estar num mundo que é, quase que ininterruptamente, hostil.

Termino aqui contando o mito da árvore (Ortigues, 1989), pois penso que ele é exemplar das infinitas possibilidades de narrativas para dar conta de uma origem

> *A* kad *é idêntica à* balanza *dos bambara. Ela tem um ciclo inverso em relação às outras árvores, verdeja na estação seca e perde suas folhas na estação das chuvas. Na mitologia bambar tem o papel de um inversor de ciclos. Na origem dos tempos, com efeito, houve dois reinos sucessivos: o reino da Árvore (representado nos ritos por uma grossa tábua, o* pembele *bambara, o* sass *dos serer) e o reino de Faro, gênio ordenador e legislador. O reino da Árvore foi o reino da autoctonia, isto é, do que nasceu da terra, por oposição ao que nasceu de um casal sexuado, regido pelas regras de aliança. Sob o reino da Árvore segundo os bambara, as mulheres tinham a iniciativa do culto. Os humanos encontravam-se num estado muito indiferenciado: sem linguagem, sem roupas, reconhecendo-se apenas através da tatuagem, sem outras referências cronológicas do que a evolução do sistema piloso, sem membros articulados para o trabalho, sem relações sexuais pois das mulheres, diretamente fecundadas pela árvore nasciam indistintamente plantas, animais ou humanos; a própria fecundidade não se diferenciava da alimentação pois a árvore se nutria do líquido seminal das mulheres. A árvore também se nutria do sangue dos homens e aqui o tema autoctonia torna-se muito explícito: ao absorver o sangue dos velhos, a árvore rejuvenescia, invertia o ciclo do tempo fazendo-os tornarem-se novamente crianças, conferindo-lhes assim uma espécie de imortalidade regressiva evocada por um rito bambara, ainda*

*praticado hoje em dia pelos velhos serer, que consiste
em esfregar o punho contra as rugosidades da casca até
fazer o sangue escorrer pela árvore.*

*No entanto, a árvore, ávida demais de se nutrir do sexo
das mulheres e do sangue dos homens, foi vencida por
Faro que instituiu a ordem atual: trouxe a linguagem,
a regularidade das alianças entre homens e mulheres,
a normalização dos nascimentos e todos os valores diferenciados necessários para o bom andamento da sociedade.*

*A mudança de reino, a inversão dos ciclos, foi marcada
pela castração celeste do Gênio do ar, origem da circuncisão; a circuncisão elimina a indiferenciação dos sexos
(suprime a feminilidade do prepúcio e a masculinidade
do clitóris), estabelece as diferenças necessárias para as
alianças.*

*A Árvore da autoctonia tem, portanto, uma função re-
gressiva; fonte fascinante de vida da qual se teme que
seja na mesma medida devoradora; túmulo no qual se
dá o retorno ao seio materno. No Senegal, os gritos,
membros da casta dos trovadores, cantores das genealogias familiares, são enterrados no tronco oco dos baobás. (pp. 120-121)*

Hoje temos, muitas vezes, que inventar genealogias. Mas é uma
invenção necessária. Pois a autoctonia é violenta e devoradora. O
silenciamento da história tem duras consequências: ou a idealiza-
ção de uma tradição levando a um fechamento no passado ou o
silêncio levando a atuações de repetição infinita. Só assumindo a
herança será possível ultrapassá-la.

Todo esse trabalho de resgate de uma história recalcada é absolutamente necessário para tornar possível uma vida mais digna.

Referências

Carneiro, S. (2011). *Racismo, sexismo e desigualdade no Brasil*. Selo Negro.

Fanon, F. (2020). *Pele negra, máscaras brancas*. Ubu.

Figueiredo, L. C. (1998). A questão da alteridade nos processos de subjetivação e o tema do estrangeiro. In C. Koltai, *O estrangeiro* (pp. 61-76). Escuta.

Gebrim, A. (2020). Língua materna, língua estrangeira: reflexões sobre a língua do analista. In A. Gebrim, *Psicanálise no front* (pp. 133-140). Juruá.

Hassoun, J. (2011). *Les contrebandiers de la mémoire*. Érès.

Lacan, J. (1966). *Écrits*. Editions du Seuil.

Nathan, T. (2001). *L'influence qui guérit*. Poches Odile Jacob.

Nogueira, I. B. (1998). *Significações do corpo negro* (Tese de doutorado em Psicologia Escolar e do Desenvolvimento). Universidade de São Paulo.

Ortigues, M. C. E. E. (1989). *Édipo africano*. Escuta.

Todorov, T. (1996). *A conquista da América: a questão do outro*. Martins Fontes.

Viñar, M. (1994, segundo semestre). O reconhecimento do próximo. *Revista Percurso, VII*(13), 7-15.

Zygouris, R. (1998). De alhures ou de outrora ou o sorriso do xenófobo. In C. Koltai (Org.), *O estrangeiro* (pp. 195-210). Escuta.

PARTE X

De gravata e unha vermelha

2014

25. Fisgada pelo mundo: de gravata e unha vermelha[1]

Com exceção daqueles para os quais fui contratada, meus documentários sempre nascem a partir de uma sensação de ser fisgada pelo mundo. Como na atenção flutuante da escuta analítica, no perambular cotidiano, algo reluz e me atrai.

Depois do documentário sobre o bairro de M'Boi Mirim,[2] eu havia decidido voltar a dar seminários teóricos no curso de formação de psicanalistas e focar os meus livros e clínica psicanalítica. Não é fácil ter essa dupla pertinência. Em todos os sentidos. De tempo, de dedicação, de pensamento. Até que... em 2010 a cartunista Laerte apareceu, já aos 60 anos, vestida de mulher. E surpreendeu o mundo. Laerte sempre foi conhecida como cartunista. Publica diariamente suas tirinhas no jornal *A Folha de S.Paulo*. É do grupo de Glauco e Angeli. Fez parte de todo um movimento que nos anos 1970 manifestava-se politicamente por meio das

---

1 *De gravata e unha vermelha*. Direção: Miriam Chnaiderman, 85 minutos, 2014.

2 Documentário *Dos índios, das águas, das lutas: M'Boi Mirim* (2010). Ver a parte deste livro intitulada "O documentário que aconteceu".

histórias em quadrinhos. Não há quem não lembre da publicação "Chiclete com banana" ou não sinta saudades da Rebordosa, figura criada por Angeli. Nas mãos desse grupo de cartunistas, a contracultura aparecia como oposição à ditadura e forma política de contestar o institucionalizado.

Laerte, mais uma vez, escandaliza o mundo. Revigora sua rebeldia. Aparece na revista *Bravo* vestida de mulher. E, naquele momento, define-se como *cross-dresser*, termo que depois viria a criticar, afirmando ser classista: a travesti teria a ver com classes menos privilegiadas, e *cross-dresser* seria um nome "chique" para a travesti classe média. Em entrevista a Ivan Finotti (2010), na Folha Ilustrada, afirma Laerte:

> *O travestimento é uma questão de gênero, não de sexo. São coisas independentes, autônomas, que nem o executivo e o legislativo. É um erro fazer essa mistura. "Ah, está vestido de mulher, então é veado." "Jogou bola, é macho." E eu que gostava de costurar e de jogar bola? O que tenho feito é investigar essa parte de gênero. O que tenho descoberto é que isso é muito arraigado, essa cultura binária, essa divisão do mundo entre mulheres e homens é um dogma muito forte. Não se rompe isso facilmente. Desafiar esses códigos perturba todo o ambiente ao redor de você.*

Laerte revolta-se contra a ditadura dos gêneros: "É você sentir que sua liberdade está sendo tolhida, que as possibilidades infinitas que você tem de expressão na vida, ao sair, ao se vestir".

Impressionou-me sua liberdade na determinação de como viver a sexualidade. O binarismo de gênero era questionado radicalmente tanto na sua fala quanto na sua figura.

Foi a partir de uma conversa com Laerte que elaborei o projeto de documentário e acabei ganhando um concurso no Ministério da Cultura (MinC) em primeiro lugar, conseguindo, assim, os recursos.

Estava diante de um imenso desafio... Mergulhar nesse mundo das novas sexualidades implica abandonar qualquer posição essencialista. O que não é nada fácil. Poder se mover num mundo onde o binarismo de gênero foi rompido implica uma abertura para outras linguagens e os percursos teóricos passam a ser movediços.

Saí para o mundo sem realmente ter qualquer amparo teórico. Fui para o mundo na perplexidade e admiração. Como em *Dizem que sou louco*, fui atrás de pessoas que bancavam seu jeito de estar no mundo.

Perdi o chão quando Laerte me disse que não poderia me acompanhar e que teria disponibilidade apenas para uma entrevista. Tinha feito o curta-metragem *Vestido de Laerte*[3] e achava difícil o ritmo das filmagens.

Eu conhecera, de vista, o estilista Dudu Bertholini, na padaria ao lado do consultório. Seus turbantes e cafetãs, seus enormes brincos, os olhos pintados chamavam a atenção. A tranquilidade no seu jeito de ser fazia com que fosse aceito pelos portugueses conservadores donos da padaria. Uma pessoa querida. Observávamo-nos em nossos coloridos. A partir de meu convite, ele se entusiasma e uma parceria se ilumina.

Acompanhada por Dudu Bertholini, "construtor de imagens de moda", fui mergulhando no espetáculo desses corpos que cenografam seu cotidiano minuto a minuto. A narrativa fílmica deveria respeitar essa construção do corpo. Várias entrevistas foram cenografadas. E percebo que fui mergulhando no que a sexualidade

---

3   *Vestido de Laerte* (2012), curta-metragem dirigido por Cláudia Priscilla e Pedro Marques.

tem de mais radical: a não submissão a qualquer padrão preestabelecido e o uso abundante do fetiche. Para despatologizar essas experiências, talvez tenhamos que recorrer a conceitos ainda não estabelecidos.

Experimentei-me radicalmente em minha escuta-olhar. Saí para o mundo desconhecido dessas sexualidades infinitas. Até hoje ressoa em mim a frase de Taís: "Tem mil sexos nesse corpo que o Estado diz que é dono".

Hoje, vou tentando dar conta, com os instrumentos meus de psicanalista, dessa experiência tão rica e perturbadora.

Referência

Finotti, I. (2010, 15 de abril). Cartunista Laerte diz que sempre quis se vestir de mulher. *Folha de S.Paulo*, Ilustrada. https://www1.folha.uol.com.br/ilustrada/825136-cartunista-laerte-diz-que-sempre-teve-vontade-de-se-vestir-de-mulher.shtml

26. Sexualidades em cena e/ou sexualidades encenadas: o sexual[1]

Prólogo

Em 2010, Laerte apareceu, já aos 60 anos, vestida de mulher. E surpreendeu o mundo.

Na figura da Laerte algo se explicita de como Judith Butler (2008) pensou o gênero. Ou seja, como ato performativo. A cada aparição pública de Laerte, uma verdadeira performance acontece. Há um ato disruptor escancarando o gênero como sendo performativo, encarnando Judith Butler no seu radical questionamento. Baseada em Derrida e em John L. Austin, Butler "considera performativa a prática discursiva que torna realidade ou produz aquilo que nomeia" (Porchat, 2014, p. 86).

---

[1] Publicado originalmente na coletânea *Corpos, sexualidades, diversidades*, organizada por Sílvia Leonor Alonso, Danielle Melanie Breyton, Helena M. F. M. Albuquerque e Luciana Cartocci (Escuta/Sedes, 2016).

O gênero é um efeito performativo de atos repetidos, sem um original ou uma essência, não expressa nem revela uma identidade preexistente.

Se não há uma identidade preexistente que defina o gênero, surgem então infinitas possibilidades de cada um vivenciar e construir sua sexualidade.

Cenografar um documentário?

Já quando propus meu documentário no concurso do Ministério da Cultura para conseguir recursos, eu o chamei *De gravata e unha vermelha*. Era um nome inspirado na Laerte e no que eu havia buscado na internet sobre *cross-dressers*. É um título para documentário que pressupõe a montagem de um corpo. "Montar" é a palavra escolhida por transexuais e travestis quando se arrumam e se maquiam. Ou pelas *drag-queens*. Há um ritual em que a(o) personagem é encarnada(o). Uma sexualidade construída, encenada. Mas existiria uma sexualidade que não fosse encenada?

Quando consegui os recursos e comecei a pré-produção do documentário, soube que Laerte não se dispunha a me acompanhar. Havia acabado de filmar *Vestido de Laerte*, curta dirigido por Cláudia Priscilla e Pedro Marques, e sentia-se cansada, não querendo acordar cedo ou entrar no ritmo que o fazer cinema demanda. Tinha disponibilidade apenas para uma entrevista.

Eu conhecera, de vista, o estilista Dudu Bertholini, na padaria ao lado do consultório. Observávamo-nos em nossos coloridos. A partir de meu convite, ele se entusiasma e uma parceria se ilumina.

Acompanhada por Dudu Bertholini, fui mergulhando no espetáculo desses corpos que cenografam seu cotidiano minuto a minuto. Mas fiquei perplexa quando, ao agendar nossa primeira filmagem, Dudu afirmou a necessidade de cenografar o ambiente onde a entrevista – que era com ele – deveria acontecer. Como assim? Cenografar um documentário? Sempre pensei no documentário como um retrato das pessoas, no jeito como vivem e como falam de sua vida. Não que acredite num limite claro entre ficção e realidade... Acho que construímos todo e qualquer documentário – seja na escolha do diretor de fotografia, seja na montagem, seja na escolha de como uma entrevista acontece. Mas radicalizar tudo isso criando cenários... Fui entendendo que a linguagem do documentário deveria respeitar a linguagem desses corpos. Todos eles cenografados. Todos eles escancarando que a identidade de gênero é uma construção que fala de um poder invisível determinando sobre as sexualidades.

No primeiro dia de filmagem, Dudu Bertholini chegou atrasado na sua casa. Saíra para comprar maquiagem. Já estávamos lá. Aliás, o questionamento do binarismo de gênero levava a posturas inusitadas em que nosso mundo capitalista selvagem fica suspenso: Dudu não tranca sua casa... Muitas vezes entrei lá para deixar alguma roupa ou algo que ele tivesse me pedido. Dudu tem um gato que desce a escada e passeia pela rua. E depois volta ou é recolhido por alguém. Tranquilamente. Esse gato veio de Nova York, um amigo pediu que Dudu o adotasse. Quando chegou para ser entrevistado e filmado, escolheu um dos lindos cafetãs que desenhava, bem colorido, e foi se vestindo enquanto era entrevistado. Depois, montou um lindo cenário na sala.

Dudu não participou de todas as entrevistas. Em todas de que participou, cenografou. Até mesmo na casa da Rogéria, escolheu o canto onde deveríamos filmar. Com Ney Matogrosso foi mais tímido. Mas cenografou-se, vestiu um lindo cafetã *pink* e pôs brincos enormes.

238 SEXUALIDADES EM CENA E/OU SEXUALIDADES ENCENADAS

O fato é que, na sua forma final, é impossível saber qual entrevista foi cenografada. Todas parecem cenografadas, mesmo quando não o foram. Foi uma escolha minha e da diretora de fotografia, Fernanda Riscali.

Sempre pensei que o conceito de montagem acaba introduzindo uma luz interessante no pensamento freudiano. Já em meu texto "Memória: ideograma e montagem", eu fazia uma leitura do texto *Lembranças encobridoras* (Freud, 1899/1976) propondo uma "memória-montagem", uma memória "ideograma" (Chnaiderman, 1989).

Se tomamos como base para pensar a sexualidade o texto de Freud de 1905, *Três ensaios sobre a teoria da sexualidade*, e radicalizamos o conceito de pulsão, poderemos entender todas as sexualidades como uma montagem em que a história se presentifica.

O teatro: uma nova reflexão

Depois do documentário pronto, fui procurada pela Cia. Livre de Teatro para escrever um texto (Chnaiderman, 2015) para uma publicação em torno da encenação da peça *Maria que virou Jonas ou A força da imaginação*. A Cia. Livre de Teatro toma um trecho do *Diário de viagem* de Montaigne, de 1580, para, ludicamente, questionar a noção de gênero:

> *De passagem por Virtry-le-François, foi-me dado ver um rapaz a quem o bispo de Soissons dera o nome de Germain na confirmação, e que todos os habitantes do lugar haviam tratado por Maria, como mulher, até a idade de vinte e dois anos. Quando o conheci era já velho, muito barbudo e não se casara. Explicou-me que,*

*em conseqüência de esforço feito para saltar, ocorrera
o aparecimento de seus órgãos viris. É ainda de uso na
região cantarem as moças uma canção em que se reco-
menda não fazerem grandes exercícios para não lhes
acontecer tornarem-se rapazes como Maria-Germano.
(Montaigne, 1580/1972)*

Na peça, depois que seu companheiro relata essa história contada por um professor, Ela pula uma poça de água e começa a virar
homem. E passa a ser Ela,Ele.

A força da imaginação vai levando a mudanças concretas no
corpo. Em Marie que virou Germain e nos personagens da peça.
Marie ganha um pênis.

João W. Nery, primeiro homem trans no Brasil, afirma no documentário *De gravata e unha vermelha*:

> *Eu não fiz essa cirurgia [para ter o pênis], eu não tenho
> pênis, eu não acho que é o pênis que faz um homem,
> assim como não é a vagina que faz a mulher, assim
> como não é o corpo que determina o gênero. (Chnai-
> derman, 2014b)*

O que está posto, na situação proposta por Montaigne pela Cia.
Livre de Teatro, é a da força da imaginação. Não é o próprio teatro
que fica, assim, tematizado?

Octave Mannoni (1969), no seu texto "A ilusão cômica ou o
teatro do ponto de vista do imaginário", mostra como o palco sempre se dá como um outro lugar, diferente daquele que é realmente,
ou seja, sempre cria uma perspectiva do imaginário. Mannoni nos
fala da importância da ilusão para que o teatro possa existir.

Em *Maria que virou Jonas*, o jogo está nisto: ao pular a poça, Maria ganha um pênis ou, influenciada pela história que ouvira, sua imaginação faz com que se sinta tendo um pênis? É a própria linguagem teatral que fica em questão. A linguagem teatral e a sexualidade, pois não é possível viver plenamente o desejo sem a fantasia e sem a transgressão do que é anatomicamente dado. Há uma fusão que brinca e grita entre sexualidade e teatro.

Em Montaigne, o bispo rebatiza Marie e lhe dá o nome de Germain. O binarismo de gênero triunfa. O hermafroditismo, que explicita a multiplicidade de possíveis, é assustador. Negação da diferença, concretização da fantasia da não falta.

Na peça, a indefinição marca o jogo. Ela,Ele e Ele,Ela. Um redescobrir permanente que torna o sexo um lindo jogo em que mil combinações são possíveis.

Alguma luz surge na compreensão das novas sexualidades que são sempre as nossas sexualidades.

O que há de teatral na construção das novas sexualidades?

A roupa

Quando convidei Letícia Lanz para ser entrevistada para o documentário, a primeira pergunta que me fez foi de como deveria estar vestida. Eu respondi que se sentisse à vontade, que isso era o mais importante. Letícia deveria vir de Curitiba. Eu sabia que era muito ligada a Laerte e que juntas encabeçavam a Associação Brasileira de Transgêneros. Vivi, na noite anterior à filmagem, uma enorme tensão, pois havia emitido a passagem de avião como Letícia Lanz, e não Geraldo Eustáquio de Souza, como está na sua carteira de identidade. Letícia me ligou e, durante a madrugada, conseguimos comprar outra passagem com o nome que está nos documentos.

Na entrevista, Letícia afirma não querer mudar o nome nem os genitais. E indaga-se: "então, eu sou uma mulher de pênis?" (Chnaiderman, 2014b). E assim vai Letícia Lanz mundo afora, fazendo intervenções a cada minuto de sua vida.

Havíamos reservado um lindo bar, com cenografia adequada ao documentário. Letícia Lanz havia trazido três mudas de roupa. Demorou mais de uma hora se arrumando e fazendo sua maquiagem. Gosta de se vestir de Barbie, afirmaria no documentário.

A cada entrevista, quando Dudu Bertholini ia, levava várias mudas de roupas possíveis para que suas convidadas e convidados usassem.

A roupa foi um elemento importante em cada uma das entrevistas.

Marcel Czermak (1991), no seu livro *Paixões do objeto: estudos psicanalíticos das psicoses*, faz uma importante reflexão sobre o papel da roupa nos transexuais. Afirma que, na sua clínica, observou que a demanda de castração muitas vezes fica em segundo plano diante da demanda de ter a aparência de uma bela mulher.

Czermak, a partir da noção de véu desenvolvida por Lacan no Seminário IV, quando reflete sobre o fetichismo, faz importantes reflexões sobre a transexualidade. Embora chegue a conclusões redutoras e próximas às de Lacan: a transexualidade seria uma das formas da psicose. Rafael Kalaf Cossi (2011), no seu estimulante livro *Corpo em obra*, que aqui me serve de roteiro, também é crítico em relação a essas conclusões redutoras.

Sobre o véu, reflete Lacan tal como é lido por Cossi (2011):

> *em toda relação sujeito-objeto há um mais além – que não é nada, mas que está ali simbolicamente – e que é amado no objeto de amor. Entre o sujeito e o objeto há*

> *a cortina e o véu, e é a partir desta presença que aquilo que está mais além, como ausência, tende a se realizar como imagem. (p. 131)*

E pouco mais adiante: "É justamente a presença da cortina que denota que o objeto está mais além, assim tomado por ilusório e por isso mesmo valorizado" (p. 132).

Czermak (1991) mostra como a vestimenta pode ter a função de véu.

Na perversão, é sobre o véu que o fetiche figura precisamente aquilo que falta para além do objeto. Contudo, ao mesmo tempo que esconde a ausência, também a revela.

Rafael K. Cossi (2011) expõe com muita clareza a distinção quanto à função do véu para travestis e transexuais:

> *enquanto a travesti propõe um jogo com a discordância entre as roupas femininas que usa e aquilo que existe por trás delas, na transexualidade o sujeito desejaria que seu corpo fosse conforme às roupas femininas. (p. 133)*

No transexual, "O sujeito não se sustenta atrás de algo, mas na própria vestimenta e em seu efeito cutâneo: o de colocar à pele, diríamos" (Czermak, 1991, p. 86, citado por Cossi, 2011).

Para Lacan (1956-1957/1995), "No travestismo, o sujeito se identifica com aquilo que está atrás do véu, com aquele objeto ao qual falta alguma coisa" (p. 168). Rafael K. Cossi (2011) analisa que, segundo Lacan, "no travesti (sic), a roupa se faz de imagem fálica como forma de esconder e ao mesmo denunciar a falta de objeto" (p. 132). Lacan fala em uma identificação com a mãe fálica. Mas, penso eu, uma identificação concretizada no "ter" um pênis e "ter" os seios. O que falta na travesti?

No transexual, a roupa é um objeto que se projeta adiante do véu. Na transexualidade, a vestimenta pretende "conter, neutralizar, eliminar de cena o objeto" (Czermak, 1991, p. 87, citado por Cossi, 2011, p. 133). É na vestimenta que o sujeito pretende se realizar; a partir desse ponto, brotaria sua própria consistência, suprimindo o que estivesse por trás dela.

Assim se refere Czermak (1991) à questão da vestimenta na mulher trans:

> *É, a seus olhos, dotada de qualidades próprias, táteis: mais doce, mesmo se é da mesma natureza que a vestimenta masculina, pois tem qualidades específicas. . . . Para alguns transexuais não se trata apenas de uma dobra da pele, produzindo o prazer cutâneo, o prazer de envelope, como no travesti (sic), . . . mas há algo de essencial que não é no que está atrás que é o centro, mas a veste mesmo e seu efeito cutâneo: a vestimenta tende a colar na sua pele. (p. 114)*

O transexual quer se livrar do que se encontra atrás das vestes.

Rafael K. Cossi mostra com Czermak (1991) como, "frente a isso, o sujeito tenta se sustentar a partir da dimensão imaginária do envolvente, na falta sobre a qual ele tende seriamente a se desestabilizar, o que pode produzir angústias de despedaçamento ou até graves estados de pânico" (Czermak, 1991, p. 87, citado por Cossi, 2011, p. 133).

Assim, o véu deixa de desempenhar sua função, já que o Nada (o mais além ou o falo) não é projetado imaginariamente. O transexual, tal como é pensado por Czermak (1991), seria um psicótico, pois não tem acesso ao falo simbólico.

Uma cultura feminilizada?

Diana Corso vem refletindo sobre uma cultura feminilizada para pensar as ditas novas sexualidades. Tive oportunidade de ouvi-la no Congresso da Associação Psicanalítica de Porto Alegre (APPOA) em 2015 ("Corpo: ficção, saber, verdade"), quando participamos juntas de uma mesa-redonda.

Jean Rivière (1966/2005), no seu texto "A feminilidade como máscara", parte do estudo de mulheres extremamente femininas: "Tratarei de demonstrar que as mulheres que aspiram a uma certa masculinidade podem adotar a máscara da feminilidade para afastar a angústia e evitar a vingança que temem por parte dos homens" (p. 8). A seguir, indaga-se:

> O leitor pode perguntar-se como distingo a feminilidade verdadeira e o disfarce. De fato, não defendo que tal diferença exista. A feminilidade seja fundamental ou superficial é sempre o mesmo. Mas, há vezes que a feminilidade é utilizada como um meio para evitar a angústia mais que como modo primário de gozo sexual. (p. 13)

Haveria uma autonomização do jogo de máscaras que caracteriza a feminilidade como uma espécie de retórica do desmascaramento sem rosto, na leitura de Cristian Dunker (2008): "A concepção da feminilidade como máscara atrás da qual o homem suspeita a existência de algum perigo dissimulado esclarece esse enigma" (p. 22). Ou seja, como afirma Rafael K. Cossi (2011), "a máscara recobre aquilo que está para além do gozo fálico – o nada, vazio de nomeação" (p. 134). Mas também faz importante crítica, pois a máscara "acaba situando o feminino no campo da significação fálica" (p. 134). No entanto, recupera o pensamento lacaniano ao afirmar que "o que realmente importa é que a máscara constitui-se como suporte da vacuidade – da causa do desejo, o objeto *a*" (p. 135). Como se o pensamento lacaniano, ao colocar a mulher do lado do inomeável, tivesse libertado o feminino da lógica fálica.

Em texto meu em que analiso o filme *Clube da Luta*, cito o ensaio de Marie Claire Boons "Da sedução entre os homens e as mulheres: uma abordagem lacaniana" (1987), mostrando como nossa cultura vem colocando a mulher fora da possibilidade do simbólico. Afirma:

> *pois numa sociedade que se funda sobre a rejeição para fora do simbólico do feminino não há significante de A mulher. Há apenas o significante fálico e sua função para significar a diferença, dividindo a humanidade falante em metade masculina e metade feminina, segundo a maneira como cada sujeito se inscreveu em relação à castração que esta função designa. (Boons, 1987, pp. 91-92, citado por Chnaiderman, 2005)*

A metade masculina tem o acesso ao simbólico bem garantida. Na outra metade, nomeada feminina, haveria um gozo que escaparia à castração, sendo então portadora de um segredo sempre inviolado. Nessa metade, o acesso ao simbólico permanece problemático.

Marie Claire Boons, como feminista empedernida, mostra como essa estrutura se dá a partir do falo, sendo o feminino verdadeiramente rejeitado para a esfera do enigma.

Será que quando Diana Corso reflete sobre uma feminilização da cultura está pensando em uma falência do simbólico? Ou está

246 SEXUALIDADES EM CENA E/OU SEXUALIDADES ENCENADAS

propondo que se pense em um simbólico não regido pela lógica fálica? Ou, nesse exacerbar infinito do consumismo, todos nós aderiríamos à máscara que conduz a feminilidade?

O(A) transexual escancararia algo de todos nós. Segundo Czermak (1991, citado por Cossi, 2011): "o transexual não rejeita nenhum de seus atributos nesta mascarada, pois é a esta que ele tende a reduzir-se: é a própria mascarada, ou seja, o envoltório e a exigência de transformação corporal" (p. 135). Cristian Dunker (2008) fala em um domínio da aparência que "poderia ser decomposto na aparência imaginária da mascarada, na aparência simbólica criada pelo véu e na curiosa e paradoxal aparência Real" (p. 9). Talvez aqui tenhamos importantes chaves de análise para refletir sobre uma feminilização da cultura contemporânea.

O teatro, a performance e os mil sexos

Impressionou-me a afirmação de José Miguel Marinas (2015) na entrevista que deu à revista *Percurso*: "Eu me acostumei a dizer que a psicanálise não é tanto uma hermenêutica textual, e sim uma compreensão cênica, das cenas que uma pessoa atravessou na vida e que são as que compõem o inconsciente" (p. 96). Se a psicanálise é uma compreensão cênica, o teatro tem muito a contribuir. Isso vai de encontro ao ensaio de Jacó Guinsburg (2001) "A idéia de teatro", em que afirma:

> *Como tudo no teatro, é fora de dúvida que, mais uma vez, ele se projeta através de um duplo. Desenvolvido basicamente pela duplicação do ser humano pelo ator, do espaço físico pela cena, da trama da vida pela trama do drama... Mas ela só pode existir, pela sua própria natureza projetiva, por uma relação orgânica e,*

no entanto, não poucas vezes opositiva, com sua "outra face": a interioridade. (p. 7)

A seguir Jacó afirma que é no âmbito da imaginação que ocorre o ato representacional, "que nasce do poder inerente do eu objetivar-se dentro de si para algo mais, um sujeito ou objeto que está além ou aquém..." (p. 8).

Fica assim colocado todo o problema da representação em geral, não só a relativa ao teatro. Conclui Jacó Guinsburg: "perguntar pela origem do teatro é o mesmo que perguntar pela origem do pensamento, da linguagem e da cultura..." (p. 8).

Faz todo sentido, então, pensar a psicanálise em termos de uma compreensão cênica, tal como afirma José Miguel Marinas.

Mas, tanto em Guinsburg quanto em Marinas, o teatro passa a ser presença, evento. Derrida (1971), no seu trabalho sobre Artaud, detém-se na análise do conceito de representação. Sobre o Teatro da Crueldade, afirma: "A representação cruel deve investir-me. E a não-representação significa também desdobramento de um volume, de um meio em várias dimensões, experiência produtora do seu próprio espaço" (p. 157). Em outro ensaio, na análise que faz de Mallarmé, ao refletir sobre a mímica, afirma "não ilustrando nada fora de si mesma, fala ou ato, não ilustra nada" (Derrida, 1972, p. 236). Para Derrida, a partir de Mallarmé, passa a haver uma equivalência entre o teatro e a ideia, ou seja, o que aí se efetua é a visibilidade do visível.

A noção de performance na arte contemporânea parece dar concretude a essa concepção do teatro e da representação. O momento de criação passa a ser valorizado, há um deslocamento da obra para o criador (Matuck, 2003). O corpo passa a ser o suporte artístico, tudo isso radicalizado na *body art*.

Renato Cohen (2013) liga a *performance* à *live art*: a *live art* é a arte ao vivo e também a arte viva (p. 38). "A arte deixa de ser mera questão estética, passando a ser vivida".

Há algo nessas novas sexualidades que passa pela performance, embora não se reduza a ela. Em alguns personagens do filme *De gravata e unha vermelha*, isso fica evidente. Exemplos disso são Dudu Bertholini, Laerte, Johnny Luxo. O ritual do vestir-se, a unha pintada, a maquiagem, o tênis com ossinhos de borracha. Mas as novas sexualidades escancaram um corpo que é encenado, teatralizado e construído. É sempre preciso encarnar um personagem. Montar-se, enfeitar-se e sair para a rua, para a "balada", para a busca de um parceiro. Como um ator que se monta.

Na importância das roupas, algo do encarnar um personagem acontece. Encarnar, e não representar. Stanislavski diferenciava a arte representacional da verdadeira arte. A roupa deixa de ser véu, aparência.

E, sabemos, para Lacan e muitos seguidores, se não é possível o véu, ou se algo se antepõe ao véu, temos a perversão ou a psicose.

Talvez o teatro aqui nos dê uma chave não reducionista para refletir sobre tudo isso. Fica proposta uma inversão figura/fundo, em que a presença e a montagem passam a ocupar o primeiro plano.

Passamos a entender Taís Souza no *De gravata e unha vermelha*, quando afirma: "Há mil sexos nesse corpo que o Estado diz que é dono". Pois há mil personagens dentro de cada um de nós e mil possibilidades de jeitos de encontro (Chnaiderman, 2014a).

Semblante e presença

Cito Lacan (2009), nas primeiras páginas de *O seminário, livro 18: de um discurso que não fosse semblante*: "Aqui o *semblante* não é semblante de outra coisa, mas deve ser tomado no sentido do genitivo objetivo. Trata-se do semblante como objeto próprio com que se regula a economia do discurso" (p. 18). E logo mais adiante: "*De um discurso que não fosse semblante* afirma que o discurso, tal como acabo de enunciá-lo, é semblante" (p. 19).

Não há nada que seja a verdade por trás do semblante. "A verdade é a diz-mansão correlata àquela do semblante" (p. 25).

Surpreendentemente, Marinas (2015), na mesma entrevista supracitada, é contra traduzir *semblant* (em francês) por semblante. Lembra, junto com os entrevistadores, que em francês *faire semblant* é fingir. Prefere usar o termo "simulacro". Propõe então "uma definição muito simples e didática do simulacro que é, primeiro, o que imita a realidade; segundo, o que melhora a realidade; e terceiro, o que substitui a realidade" (p. 98). De fato, o simulacro pressupõe uma outra realidade da qual seria exatamente o simulacro. Que não me parece ser o que Lacan propõe com a noção de semblante. Em *De um discurso que não fosse semblante*, Lacan afirma que o semblante é "o contrário do artefato" (2009, p. 26).

Christian Dunker (2008) pensa o semblante como "a aparência tomada em seu valor de aparência, sem nada por trás dela e sem nada em nome da qual ela funcione" (p. 10). E afirma: "O semblante é no fundo semblante de gozo. A imagem impossível da satisfação que nos escapa, realizada no outro" (p. 10).

Em um encontro amoroso, "cada qual esforça-se por executar um personagem (supostamente adequado para o outro) infiltrando neste teatro o valor real do desejo e do amor (supostamente adequado para si). O semblante é o reconhecimento ou o saber da forma postiça destas duas estratégias" (p. 10).

O jogo sexual se dá sempre a partir do semblante.

Cossi (2011) afirma: "O discurso não tem sexo, mas a verdade sexualiza-se a partir do semblante" (p. 136). Existem apenas semblantes de "homem" e "mulher" (p. 137).

O teatro passa a permear os encontros. E ser isso ou aquilo em uma relação implica encarnar personagens.

E não é sobre isso que as novas sexualidades nos ensinam?

Corpos movendo mundos

Encerro citando Michel Foucault (2013):

> *O corpo é também um grande ator utópico, quando se trata de máscaras, de maquiagem e da tatuagem. Mascarar-se, maquiar-se, tatuar-se não é, exatamente, como se poderia imaginar, adquirir um outro corpo, simplesmente um pouco mais belo, mais bem decorado, mais facilmente reconhecível: tatuar-se, maquiar-se, mascarar-se é sem dúvida algo muito diferente, é fazer com que o corpo entre em comunicação com poderes secretos e forças invisíveis. Máscara, signo tatuado, pintura, depositam no corpo toda uma linguagem cifrada, secreta, sagrada, que evoca para este mesmo corpo a violência do deus, a potência surda do sagrado ou a vivacidade do desejo. A máscara, a tatuagem, a pintura instalam o corpo em outro espaço, fazem-no entrar em um lugar diretamente no mundo, fazem deste corpo*

um fragmento de espaço imaginário que se comunicará com o universo das divindades ou com o universo do outro. Por ele, seremos tomados pelos deuses ou seremos tomados pela pessoa que acabamos de seduzir. De todo modo, a máscara, a tatuagem, a pintura são operações pelas quais o corpo é arrancado de seu espaço próprio e projetado em um espaço outro.

Por isso, o corpo humano é o ator principal de todas as utopias. (p. 12)

Referências

Boons, M. C. (1987). Da sedução entre homens e mulheres, uma abordagem lacaniana. In C. Poyan, *Homens, mulheres, abordagens sociais e psicanalíticas* (pp. 87-106). Taurus.

Butler, J. (2008). *Problemas de gênero*. Civilização Brasileira.

Chnaiderman, M. (1989). Memória: ideograma e montagem. In M. Chnaiderman, *Ensaios de psicanálise e semiótica* (pp. 37-46). Escuta.

Chnaiderman, M. (2005, abril). O filme Clube da Luta: produção ensandecida de masculinidades. *Revista da Associação Psicanalítica de Porto Alegre, 28*, 121-129.

Chnaiderman, M. (2014a, abril). Os mil sexos de Taís, João, Candy Mel, Laerte... e todos nós. *Boletim OnLine – Jornal Digital de Membros, Alunos e Ex-Alunos do Departamento de Psicanálise do Instituto Sedes Sapientiae, 28*. http://www.sedes.org.br/Departamentos/Psicanalise/index.php?apg=b_visor&pub=28&ordem=15&origem=abertas&itema=4

Chnaiderman. M. (Diretora). (2014b). *De gravata e unha vermelha* [Documentário]. Imovison.

Chnaiderman, M. (2015). Mil corpos, mil sexos, movimentos do desejo na cena. In L. R. V. Romano (Org.), *Maria que virou Jonas, ou a força da imaginação* (pp. 43-46; Coleção Nóz – Caderno Livre). Cia. Livre da Cooperativa Paulista de Teatro.

Cohen, R. (2013). *Performance como linguagem.* Perspectiva.

Cossi, R. K. (2011). *Corpo em obra.* nVersos.

Czermak, M. (1991). Precisões sobre a clínica do transexualismo. In M. Czermak, *Paixões do objeto: estudo psicanalítico das psicoses* (pp. 83-96). Artes Médicas.

Derrida, J. (1971). O teatro da crueldade e o fechamento da representação. In J. Derrida, *A escritura e a diferença* (pp. 125-179). Perspectiva.

Derrida, J. (1972). La double séance. In J. Derrida, *La Dissémination* (pp. 200-245). Aux Editions du Seuil.

Dunker, C. (2008). Véu, semblante e mascarada: o cinema histérico e o cinema feminino. In A. L. Rodrigues (Org.), *Pedro Almodovar e a Feminilidade* (pp 5-12). Escuta.

Foucault, M. (2013). *O corpo utópico, as heterotopias.* N-1.

Freud, S. (1976). *Lembranças encobridoras* (Vol. 3). Amorrortu. (Trabalho original publicado em 1899).

Freud, S. (2018). *Três ensaios sobre a teoria da sexualidade.* Companhia das Letras. (Trabalho original publicado em 1905).

Guinsburg, J. (2001). A idéia de teatro. In J. Guinsburg, *Da cena em cena* (pp. 3-8). Perspectiva.

Lacan, J. (1995). *A relação de objeto.* Zahar. (Trabalho original publicado em 1956-1957).

Lacan, J. (2009). *O seminário, livro 18: de um discurso que não fosse semblante*. Jorge Zahar.

Mannoni, O. (1969). L'illusion comique ou le théatre du point de vue de l'imagnnaire. In O. Mannoni, *Clefs pour l'imaginaire, ou l'Autre scene* (pp. 161-201). Seuil.

Marinas, J. M. (2015). Entrevista. *Revista Percurso, 54*, 93-108.

Matuck, A. (2003). Prefácio. In R. Cohen, *Performance como linguagem* (pp. 15-17). Perspectiva.

Montaigne, M. (1972). *Ensaios*. Abril. (Trabalho original publicado em 1580).

Porchat, P. (2014). *Psicanálise e transexualismo: desconstruindo gêneros e patologias com Judith Butler*. Juruá.

Rivière, J. (2005). La femineidad como máscara. In J. Lacan et al., *La sexualidad femenina* (pp. 7-23). Caudex. (Trabalho original publicado em 1966).

27. Com qual sexo se faz qual sexo se somos mil sexos[1]

Cleópatra e Richard Burton: infinitas metamorfoses

Se eu sonhar que faço sexo com Richard Burton, ao acordar, a experiência do ato sexual permanecerá na lembrança com intensidade.

Posso supor que, se eu realmente fizesse sexo com Richard Burton (posso supor que Rich Burton não é Rich Burton, e sim Marco Antônio), bem, se eu pudesse mesmo fazê-lo, o que permaneceria na memória depois do sexo de fato não seria, assim como depois do despertar, apenas a lembrança do sexo? E de que maneira a lembrança do sexo sonhado e a lembrança do sexo verdadeiro poderiam ser diferentes? (Terron, 2010, p. 121)

---

1 Publicado originalmente pela *Revista Periódicus*, 5(1), 2016. DOI: https://doi.org/10.9771/peri.v1i5.17174.

Essas duas frases com as quais inicio este capítulo são do romance *Do fundo do poço se vê a lua*, de Joca Reiners Terron. Mais uma vez a literatura ilumina nossos caminhos de psicanalistas buscando instrumentos para pensar o contemporâneo. Nessas duas frases, a dimensão fantasmática de sexualidade é colocada de forma luminosa. "Se eu realmente fizesse sexo com Richard Burton"... com quem realmente fazemos sexo? Com figuras de nossa vida fantasmática, certamente. Richard Burton pode ser seu personagem Marco Antônio, do filme *Cleópatra*. Todos nos tornamos personagens, animados e/ou inanimados quando somos parceiros de parceiros em encontros eróticos. Em nossa vida fantasmática existem seres fantásticos: pássaros, monstros, leões, tartarugas.... Os contos de fadas falam de uma pornografia silenciosa que nos envolve e nos determina.

Já nas cenas finais do documentário *De gravata e unha vermelha* (Chnaiderman, 2014), Ney Matogrosso afirma:

> *Eu pensei assim... É uma maneira que eu tenho de contestar. Então eu vou ser uma criatura que jamais viram. Eu não queria ser mulher. Mas eu não estava restrito ao espaço do homem porque eu criava uma figura tão completamente estranha que podia ser um inseto, podia ser um pássaro, podia ser um, não sei, porque eu usava tudo, eu tinha osso em cima de mim, eu tinha pena em cima de mim, eu tinha bico de passarinho, eu tinha chifre no meio da testa, porque cada dia eu ia "pirando", ia fazendo uma coisa diferente. E quando eu percebia que as pessoas iam ficando chocadas, eu pensava assim, então vocês não viram nada ainda. Agora é que a coisa vai começar.*

Já em outro momento do filme, Ney afirmara gostar de ser homem, mas que não poderia ficar restrito...

Se a vida fantasmática é que nos determina nos encontros eróticos, todos nós podemos viver como insetos, pássaros, pedra mineral, estrelas da madrugada e daí por diante. Ney Matogrosso encarnaria a sexualidade de todos nós. E, no encontro amoroso desejante, sempre transgrediríamos os limites impostos por uma cultura que nos quer ou homens ou mulheres.

Em entrevista à *Revista Cult*, Eduardo Viveiros de Castro (2010), diante da pergunta sobre o que seria o humano, afirma: "Antes, tudo era transparente a tudo, os futuros animais e os futuros humanos, vamos chamar assim, se entendiam, todos se banhavam num mesmo universo de comunicabilidade recíproca". A seguir, Viveiros de Castro fala de uma entrevista de Lévi-Strauss ao responder à pergunta sobre o que seria um mito. Cito Viveiros de Castro: "Lévi-Strauss responde: 'Bom, se você perguntasse a um índio das Américas, é provável que ele respondesse: 'Um mito é uma história do tempo em que os animais falavam'". Viveiros de Castro corajosamente afirma que "a condição original comum aos humanos e animais não é a animalidade, mas a humanidade". Ou seja, "os animais são ex-humanos, e não os humanos ex-animais". Para o pensamento, "tendo outrora sido humanos, os animais e outros seres do cosmo continuam a ser humanos, mesmo que de modo não evidente".

Parece que Ney Matogrosso resgata tudo isso em seu modo de pensar a sexualidade. Virar planta, virar osso, virar réptil, virar o cosmos. E virar o cosmos de cabeça para baixo. E não ser nem homem nem mulher e ser o que for...

No desejo, esfumam-se os limites entre o humano e inumano. A fala desfala e desfalece.

> *Doces ais, gritos,*
> *árias, cantares, juras*
> *ouço das aves que pelo ar afora*
> *voam aos pares como qualquer homem*
> *enamorado faz à amiga que ama.*
> *Mas eu, ante a mais bela a que me rendo,*
> *devo cantar de amor maior em obra*
> *sem fala falsa ou rima de costume.*
> *(Campos, 1987, p. 105)*

No amor, a rima surpreende, rompe padrões estabelecidos.

Pele e/ou roupa e/ou gênero

Nas transformações do corpo movidas pelo desejo, algo disso tudo se concretiza. Voltando a Joca Terron, em seu perturbador romance: "A diferença entre a atriz e o transexual é que a primeira dorme a cada noite despida da roupa dos seus personagens, enquanto o transexual, ao contrário, transforma em sua própria a pele daquilo que interpreta" (Terron, 2010, p. 111).

É interessante que Joca Terron apele para o teatro buscando entender o que vive um(a) transexual. Seu livro é a história de dois irmãos gêmeos que se reencontram no Cairo. Um deles tem como modelo Cleópatra, por isso o Cairo. Wilson se transforma em Cléo, e William, sempre alcoolizado, busca Wilson que virou Cléo. Os cheiros do Cairo, a poeira do deserto, o burburinho incessante, o mercado que invade as calçadas todas, tudo isso vai produzindo em nós, leitores, um atordoamento que tem a ver com a perda dos parâmetros identitários que nos constituem. A construção do romance vai no sentido de um questionamento da *urbes*, da *polis*, da designação. Parece que Terron sabe o que afirma Thammy Ayouch (2014):

> *A diferença entre os sexos age como princípio de um pensamento identitário, subordinando a sexualidade a uma sexuação imutável. Porém, na sua teorização tanto como na sua prática, a psicanálise pretende des--construir esta lógica identitária, dando ênfase a uma lógica da psique exatamente oposta. A identidade, categoria da metafísica clássica, remete ao caráter do que permanece: designa aquilo que fica idêntico a si mesmo no tempo. Os efeitos do inconsciente quebram esta ideia de uma ipseidade oriunda da continuidade da consciência no tempo. Contra a identidade, a plasticidade psíquica, numa abordagem psicanalítica, se inscreve em movimentos identificatórios. A identificação é sempre temporária e mutável: é definida por uma situação no tempo, uma história, uma finitude e uma atribuição vinda do outro. . . . Em termos metapsicológicos, quando se coloca a ênfase sobre a multiplicidade psíquica e as camadas de conflitos, sobre a pulsão e a dinâmica psíquica, não faz nenhum sentido falar em termos de categorias unificadas e enrijecidas de masculinidade e feminilidade e de diferença binária entre os sexos. (p. 69)*

Explicitando o lúdico das multiplicidades nas infinitas montagens possíveis:

> *Uma rata*
> *fora de sua toca*

vê uma rosa desabrochada

cheira as pétalas

e logo se safa.

Ó puf!, grita:

Que medo azul

uma rata vermelha que não tem cauda

(Do bessarabiano Eliézer Steinbarg (1880-1932), cita-
do por Guinsburg, 1996, p. 410)

Em *A interpretação dos sonhos*, no capítulo "Psicologia dos processos oníricos", quando procura entender o que move as pessoas quando esquecem seus sonhos, Freud (1900/1975) nos dá o exemplo de um fragmento suprimido de um sonho seu que, ao ser lembrado, levou a uma nova interpretação. O fragmento é o seguinte: "Referindo-me a um livro de Schiller, dito 'It is from...', mas dando-me conta de meu erro, retifico imediatamente 'It is by...' O jovem comenta então com seu irmão: 'Ele o disse bem'" (p. 514). Esse fragmento é relacionado por Freud com a lembrança de um evento que ocorrera quando tinha 19 anos, durante sua primeira viagem a Inglaterra. Estava à beira-mar, *"dedicado à pesca dos animais marinhos que a maré ia deixando..."*, quando, no momento em que pegava uma estrela do mar, ouviu uma menina que se aproximara perguntar: "Is it a starfish? Is it alive?". Freud respondeu: "Yes, he is alive". Imediatamente percebeu seu erro, corrigindo-se (Freud, 1900/1975, p. 513).

No sonho, seu erro gramatical fora usar o pronome *from* no lugar de *by*. Freud justifica essa substituição pela similicadência da palavra *from* com o adjetivo alemão *from* (piedoso). Ou seja, ocorrera no sonho uma condensação, em uma só palavra, de sentidos diferentes. Freud conclui: o sonho demonstra "com um exemplo o mais inofensivo possível que uso o gênero (Grechlechswort) equivocadamente, e portanto ponho o relativo ao gênero e ao sexo (geschlechiliche) onde não cabe" (1900/1975, p. 514).

Nesse exemplo de Freud, o mineral, o sexual e o animal se condensam e a fala se torna um corpo, a palavra se concretiza como coisa, remetendo apenas a si mesma, deixando de ser indício de uma outra realidade. A fala se torna poética. Uma rosa vermelha pode ser um rato sem rabo. Uma questão de gênero gramatical pode ser um membro seja lá de que ordem for. Criam-se obras, movem-se subjetividades. Freud, já antes dos *Três ensaios sobre a teoria da sexualidade* (1905/2018), subverte a noção de gênero. O objeto da pulsão não é predeterminado e qualquer pedaço de corpo é erotizável. O corpo erógeno subverte o corpo anatômico.

Resgatando o mito: a festa vegetal

É impactante o trabalho de Monique Schneider (2000) em seu livro *Genealogie du Masculin*, em que desconstrói o binarismo de gênero. Esse texto também é retomado por Thammy Ayouch no artigo já citado. Schneider aponta para as dicotomias, tão caras a Freud, e o "fosso que o pensamento deveria cruzar entre o espírito, que tem um papel de emancipação ou de elevação, e a vida, suspeita de manter relações estreitas com o reino natural" (p. 160).

Schneider retoma Ferenczi, que faz equivaler a ereção ao parto, buscando entender o que representa para o homem o surgimento da glande. Para Schneider (2000), haveria sempre metamorfoses feminilizantes nas aventuras masculinas. Quando a ideologia ascensional sacraliza o corte entre o mundo da vida e o acesso ao "espírito, uma outra celebração aparece: a emergência vinda no corpo masculino se insere no lar de turbulência vital que preside as metamorfoses, Mito arcaico de Demeter e a festa vegetal" (p. 171).

Demeter, a deusa maternal da Terra. Deusa da fecundidade. A ordem da cultura e a ordem da natureza se encontram na festa vegetal. Os animais se humanizam e falam. Passa a ser possível um rato azul.

Não por acaso Nathalie Zaltzman inicia seu ensaio "Do sexo oposto" com uma referência ao reino vegetal:

> – *"Caro especialista" – escreve um jardineiro amador em uma revista de botânica –, "o* Ruscusaculeatus *que cresce em meu jardim nunca produziu bagas vermelhas. Ignoro, portanto, se se trata de um pé macho ou fêmea. Será que você poderia me ajudar a resolver o problema?"*
>
> – *"Fizemos uma pesquisa junto a horticultores para saber como esses vegetais se diferenciam. Parece que os produtores nunca se preocuparam com o sexo dessas plantas. O mesmo acontece com a maioria das espécies dióicas (planta com flor unissexuada na qual as flores machos e as flores fêmeas situam-se em dois planos distintos). Considera-se que são decorativas por sua folhagem. Sugerimos a ele,* para determinar o sexo *de seu* Ruscus, *plantá-lo próximo a outros* Ruscus, *escolhido ao acaso em um viveiro. Como ocorre com várias outras árvores dióicas,* somente a presença de uma outra planta poderá revelar seus respectivos sexos, *por sua floração, se forem do mesmo sexo, pela frutificação, se forem de sexos opostos. (Zaltzman, 1999, p. 89)*

Há uma impossibilidade de autodeterminação sexual. Mesmo no reino vegetal, a designação vem de um outro, como tão bem nos ensinou Laplanche (2008). A alteridade é uma condição necessária e prévia à identidade. O botânico pode concluir que é da relação sexuada de duas plantas que nasce sua identidade respectiva. Resgatar a festa vegetal nos faz parte de um mundo cósmico onde o mítico nos ensina que somos apenas pequenas partículas de infinitudes espiraladas.

Referências

Ayouch, T. (2014). A diferença entre os sexos na teoria psicanalítica. *Revista Brasileira de Psicanálise*, 48(4), 58-70.

Campos, A. (1987). *Mais provençais: Raimbaut e Arnaut*. Companhia das Letras.

Castro, E. V. (2010, 13 de dezembro). Antropologia renovada. *Revista Cult*. https://revistacult.uol.com.br/home/antropologia--renovada/

Chnaiderman, M. (Diretora). (2014). *De gravata e unha vermelha* [Documentário]. Imovision.

Freud, S. (1975). O esquecimento dos sonhos. In S. Freud, *Obras Completas* (Vol. VI, pp. 507-527). Amorrortu. (Trabalho original publicado em 1900).

Freud, S. (2018). *Três ensaios sobre a teoria da sexualidade*. Companhia das Letras. (Trabalho original publicado em 1905).

Guinsburg, J. (1996). *Aventuras de uma língua errante*. Perspectiva.

Laplanche, J. (2008). O gênero, o sexo, o sexual, In J. Laplanche, *Sexual: a sexualidade ampliada no sentido freudiano* (pp. 154-190). Dublinense.

Terron, J. (2010). *Do fundo do poço se vê a lua*. Companhia das Letras.

Schneider, M. (2000). *Genealogie di Masculin*. Champs Flammarion.

Zaltzman, N. (1999). Do sexo oposto. In P. R. Ceccarelli (Org.), *Diferenças sexuais* (pp. 89-120). Escuta.

28. É possível ser *gender fucker*?[1]

A questão

Ao final do filme *De gravata e unha vermelha* (Chnaiderman, 2014), Dudu Bertholini, um dos personagens do documentário, em lindas vestes e brincos vistosos, declara:

> *Eu sou o que as pessoas classicamente chamam de um gender fucker... então eu sou a pessoa que não quer o estereótipo do masculino, não quer o estereótipo do feminino..., eu quero muito mais é descobrir uma maneira única e minha de ser.*

A radicalidade dessa frase chama a atenção. Ser um *gender fucker* explode qualquer lógica identitária e questiona o binarismo de gênero. Ser um *gender fucker*, não estar nem aí para o gênero,

---

1 Publicado originalmente em *Revista Appoa: Corpo, Ficção, Saber, Verdade, 50*(2), 2016.

266   É POSSÍVEL SER *GENDER FUCKER*?

não se adequar ao que o nosso mundo oferece como possibilidades para viver o desejo.

Esse final do documentário ocorre depois de 84 minutos em que vamos assistindo aos mais diversos modos de viver a sexualidade – sem qualquer estereótipo, vão emergindo desejos homos, desejos trans, brincadeiras as mais esdrúxulas: mulheres trans que têm ereção, homens trans que menstruam e engravidam, Rogérias que continuam Astolfos, Neys que adoram ser homens mas não suportam se restringir a qualquer espaço que limite o desejo, *gays* que adoram ter pelos e adoram casamentos pomposos com vestidos de princesa...

O que isso nos questiona enquanto psicanalistas? Como ficam nossos modelos, fincados no complexo de Édipo e nas fórmulas da sexuação? Há, na psicanálise, instrumentos para refletir sobre tudo isso?

Os banheiros

Jean Alouch (2010) nos relata a seguinte história como parte do capítulo "Um sexo ou outro", do livro *O sexo do mestre: o erotismo segundo Lacan*:

> *Um grupo de amigos janta no restaurante. Num dado momento, um deles se prepara para deixar a mesa de modo imprevisto: à indiscreta questão "Aonde você vai?", ele responde "Vou ali onde você não pode ir no meu lugar". Curiosamente, acreditamos entender imediatamente do que se trata. (p. 100)*

Jean Allouch nos mostra como todos nós vivemos a escolha forçada e, a cada ida ao banheiro, deveremos fazer uma declaração sobre ser "homem" ou "mulher". Observa que, no banco, não há guichês diferenciados para homens ou mulheres.

Lembra que Lacan falou em "segregação urinária". Não há como não lembrar de um episódio protagonizado por Laerte em torno da questão da segregação urinária.

Em janeiro de 2012, a cartunista Laerte protagonizou um "escândalo" em conhecida padaria de São Paulo: usou o banheiro feminino. Uma senhora, que usava o banheiro naquele momento, sentiu-se constrangida. Laerte reclamou com o dono do lugar e foi criticada. Instalou-se uma confusão, com muita discussão. A cliente afirmava que Laerte seria um homem e precisava usar o banheiro masculino. O gerente do restaurante concordava. Mas Laerte usava roupas femininas e maquiagem, não se sentia à vontade de usar o banheiro dos homens. Como transgênero, queria usar o banheiro feminino.

Allouch mostra como a sociedade exclui a possibilidade de que haja a recusa ao tomar uma das duas vias, ou o banheiro feminino, ou o banheiro masculino.

É bastante esclarecedor o caminho que Allouch vai fazer em Lacan: mostra como, já no texto "A instância da letra no inconsciente", está colocada a questão dos significantes e o sexo. Aponta como esse texto é anterior pelo menos oito anos ao Relatório de Roma, de 1953, que é considerado seu texto-chave na elucidação e posicionamento em relação ao simbólico. "A instância da Letra no inconsciente" é também anterior ao seminário "A identificação", em que pela primeira vez formularia sua definição de significante, discernindo-o de signo. J. Allouch especifica que foi na lição de 6 de dezembro de 1961 que o significante passa a ser "aquilo que

268 É POSSÍVEL SER *GENDER FUCKER*?

representa o sujeito para outro significante" (Lacan, citado por Allouch, 2010, p. 102).

É bastante conhecida a historinha que Lacan nos conta em "A instância da letra no inconsciente" (Lacan, 1975/1998a):

> *Um trem chega à estação. Numa cabine, um menino e uma menina, irmão e irmã, estão sentados um em frente ao outro, do lado em que a vidraça, dando para o exterior descortina a visão das construções da plataforma ao longo da qual o trem parou: "Olha! diz o irmão, chegamos a Mulheres!": "Imbecil!, responde a irmã, não está vendo que chegamos a Homens? (p. 503)*

Homens e mulheres passam a ser duas pátrias. É nesse mesmo ensaio que Lacan marca sua diferença com Saussure ao inverter a fórmula que articulava significante e significado. Nos dois irmãos que chegam à estação de trem, é o suporte material do signo, o significante, que faz com que nomeiem diferentemente o lugar para onde o trem os conduziu. O significante passa a deslizar sobre o significado e a barra passa a instaurar uma não relação entre os dois. O signo linguístico se quebra, tornando misterioso o paralelismo do significante e do significado O significante se liberta de qualquer referência a um real. No grafo do desejo (Lacan, 1960/1998b) o grande Outro, conotado pela letra A, é designado como "o lugar do tesouro do significante". O tesouro do significante e não o lugar do código, pois o código faria corresponder o signo a alguma coisa. O que define um significante é a sua diferença em relação aos outros. O referente é explodido, não interessa.

Assim, "Homens" e "Mulheres" passam a ser significantes sem qualquer referência à diferença sexual. Afirma Allouch (2010): "Repartir as fantasias em masculinas e femininas parece um empreendimento delicado, errôneo até, ainda que a coisa não esteja radicalmente ausente em Freud..." (p. 117). Assim, o gozo sexual não passa pela diferença entre o feminino e o masculino. Gozo sexual distinto do gozo em geral, pois, para Lacan, o gozo sexual é uma limitação do gozo em geral. O sexual, ligado ao falo, é uno.

Allouch encerra esse capítulo contando sua experiência, nos anos 1980, em uma casa noturna em Los Angeles, cujo nome seria "algo como Arhouse". É divertida sua descrição de um vale-tudo: roupas, comidas, músicas, dança... Mas o que interessa a Allouch é o que se passa nos toaletes, onde ninguém respeita os indicadores nas portas. Conta de um homem negro que sai de *women* e de moças que saem de *men*. Ou seja, a segregação urinária não funcionou. E o que aconteceu então com a declaração de sexo? Será que passamos então todos a sermos *gender fuckers*, quando o significante se desprende da relação com a coisa?

Allouch mostra como a diferenciação que acaba ocorrendo nessa boate passa a ser "do iniciado e do não iniciado", entre aquele que não toma o significante como ligado a coisa nenhuma, sabe que tanto o significante de homem quanto o de mulher não determinam o ser homem ou mulher (p. 122). Mas o não iniciado continua a ser movido pelo que Allouch chama de "função persecutória da letra..." (p. 123).

Interessante... Allouch introduz, aqui, uma diferenciação que não passa pela lógica fálica. Mas moraliza seu discurso ao caracteriza o Arhouse "como uma classe maternal mista em que uma professora não autoritária deixaria todos de bunda de fora e à satisfação imediata de suas necessidades. O mundo, diz essa metonímia, é uma imensa cagada" (p. 124).

Finaliza o capítulo de modo perturbador: "O lugar da castrófica dissolução também é o lugar onde a segregação urinária, com um dedo dêitico, atinge a inexistência da relação sexual" (p. 124). O que Allouch quer dizer com isso?

Desejo, gozo e prazer – Embaralhando conceitos

É tocante o depoimento de Taís Souza no documentário *De gravata e unha vermelha*: "Há mil sexos dentro desse corpo que o Estado diz que é dono". A lucidez de Taís é cortante. Fala de um não lugar no mundo, de ser uma aberração, de desafiar os dogmas religiosos.

Mais adiante afirma:

> *A gente perde toda a libido, toda a libido, entende? Por exemplo, qual a sensação que eu tenho hoje? A sensação de estar junto com meu parceiro, porque se eu tomar hormônio como eu tenho que tomar todos os dias, esse gozo não existe, e na cirurgia não vai existir. Esse tal de prazer, de uma forma ou de outra ele vai aparecer porque eu vou inventar, entendeu? Porque eu tenho prazer em fazer sexo oral, eu tenho prazer em me tocar, eu sinto prazer nos meus seios. Se eu vou gozar? Eu nem sei o que é que é gozo... Eu sei o que é prazer. Esse negócio de ejacular, há muito tempo que eu não sei o que é isso, porque eu sou dopada de hormônio. Eu tomo quatro hormônios por dia.*

Surpreende a clareza com que Taís diferencia o gozo do prazer.

Braunstein (2007), pesquisando a etiologia da palavra "gozar", mostra que vem do latim *gaudere* e tem uma herança reconhecida no verbo muito castiço "foder" (*joder*, no original). Só em 1984, a Real Academia Espanhola deu lugar pela primeira vez a essa palavra, fazendo com que descendesse do latim *flutuere* (fornicar), do qual indubitavelmente deriva a palavra francesa *foutre*. Entrou no dicionário, sim, mas precedido de uma advertência insólita: "Voz muito dissonante"... (p. 13). A seguir mostra a proximidade fonológica em francês entre *jouir* e *jouer*. São palavras que têm origem em *jocum*, que é gracejo ou troça. Braunstein faz esse percurso etimológico depois de frisar que a significação da palavra gozo no dicionário é uma sombra do que se busca psicanaliticamente definir. Afirma ser tarefa impossível, "pois o gozo, sendo do corpo e no corpo é da ordem do inefável. . . . O gozo é o que escorre do discurso" (p. 12).

Nos primeiros anos de ensino de Lacan, haveria uma "referência errática" ao gozo, que se centra em torno do desejo. Para Braunstein (2007),

> *a relação do desejo com o desejo do Outro e do reconhecimento recíproco, dialético, intersubjetivo dos desejos. Um desejo que transcendeu os marcos da necessidade e que somente pode se fazer reconhecer alienando-se no significante, no Outro como lugar do código da Lei.* (p. 15)

Até 1950 a palavra ocuparia o centro do pensamento lacaniano, criadora do sujeito e do mundo. A grande transformação teórica, para Braunstein, ocorre quando Lacan contrapõe ao desejo o gozo.

O gozo aparece assim em uma dupla oposição: por um lado, com relação ao desejo e, por outro, com relação àquele que parece ser seu sinônimo, o prazer.

Lacan se nutre com a filosofia do direito de Hegel, na qual aparece *Genuss*, o gozo, como algo que é "subjetivo", "particular", impossível de compartilhar, inacessível ao entendimento e oposto ao desejo que resulta de um reconhecimento recíproco de duas consciências. Taís Souza, em seu grito libertário, fala de como "não sabe o que é o gozo". Mas sabe o que é o prazer. Afirma:

> *Esse tal de prazer, de uma forma ou de outra ele vai aparecer porque eu vou inventar, entendeu? Porque eu tenho prazer em fazer sexo oral, eu tenho prazer em me tocar, eu sinto prazer nos meus seios. Se eu vou gozar? Eu nem sei o que é que é gozo. Eu sei o que é prazer.*

Taís nos fala de como o desejo sexual permanece vivo. O prazer ligado ao gozo fálico, ao gozo que tem a ver com o prazer de órgão. Taís não está aqui falando do princípio do prazer, "regulador e homeostático" (Braunstein, 2007, p. 23), mas de um gozo do corpo.

Foi em 5 de marco de 1958, em seu seminário "As formações do Inconsciente", que "Lacan propôs a bipolaridade entre gozo e desejo" (Braunstein, 2007, p. 18). Depois, no seminário "Mais, ainda...", tornaria mais complexa a noção de gozo: haveria, desde o texto "Subversão do sujeito...", "dois tipos do gozo: há um gozo, correlato do ser, do qual a linguagem nos separa, abrindo-nos por este corte, o campo de um novo gozo, que não está mais ligado ao ser, mas ao semblante" (Andre, 1998/2006, p. 213). Esse gozo do ser não é o gozo sexual.

Assim como Taís, nós também nada sabemos desse "O gozo". Para este, não há palavra, ficando ele confinado ao corpo das pulsões.

Um falo/pênis?

Pontalis (1977/2005), em seu ensaio "O inapreensível entre-dois", mostra, lucidamente, como crítica às feministas, que a ausência de pênis ser igual à castração é uma teoria sexual infantil. Castração não tem nada a ver com presença ou ausência do pênis. O inovador na psicanálise seria ter mostrado a castração no homem. Tanto o homem como a mulher poderiam viver na ilusão de ter o falo. Mas não há, tanto em Freud como em Lacan, uma confusão entre o pênis e o falo? Cito agora Lacan (1975/1982) no seminário "Mais, ainda...":

> *É o que demonstra o discurso analítico, no que, para um desses seres como sexuados, para o homem enquanto que provido do órgão dito fálico – eu disse* dito *– o sexo corporal, o sexo da mulher – eu disse* da mulher *embora justamente não exista* a *mulher, a mulher não é toda – o sexo da mulher não lhe diz nada, a não ser por intermédio do gozo do corpo. (p. 15)*

Lacan fala no homem como provido do órgão fálico. E a mulher não é toda. Não tem o dito órgão. E o homem não goza do corpo da mulher pois tem acesso apenas ao gozo do órgão.

A partir das fórmulas da sexuação, Lacan conclui que, em relação à mulher, "Nada vem limitar o lugar de seu gozo como um gozo absoluto e proibido" (Dor, 1989/1992, p. 224). Não há o falo para limitar seu gozo, portanto não tem uma limitação ao gozo absoluto e inacessível. Nos homens, o gozo fálico mantém uma relação com o gozo do Outro que é proibido. Enunciar que a mulher não existe é afirmar que seu gozo é um outro, inapreensível e destino do gozo do Outro. Por isso a relação sexual não existe – trata-se de um real inomeável e sem ordenação possível.

274 É POSSÍVEL SER *GENDER FUCKER?*

Lacan, quando reflete sobre a transexualidade, aponta essa confusão entre o falo e o pênis. Afirma sobre aquele que, cirurgicamente, tornou-se mulher,

> *é necessário realmente pagar o preço, o da pequena diferença que passa enganosamente para o real por intermédio do órgão . . . um órgão só é instrumento por meio disso em que todo instrumento se baseia: é que ele é um significante... (Lacan, 1971-1972/2012, p. 17)*

O transexual faz equivaler pênis e falo. Há uma falha no processo de metaforização, e o simbólico falha. O que faz muitos lacanianos afirmarem que todo transexual seria psicótico. Sem inscrição do Nome-do-Pai.

Seriam então todos psicóticos?

Quando Taís, em outro momento do documentário *De gravata e unha vermelha*, afirma que fará a cirurgia porque nasceu como se tivesse seis dedos, é só tirar um para que tudo fique bem, está confundindo falo e pênis? Talvez... Basta falar em Recusa (*Verwerfung*) e foraclusão do Nome-do-Pai para explicar tudo isso?

Foi com a guinada na teorização lacaniana, a partir do seminário "... ou pior" (Lacan, 1971-1972/2012), quando a questão do real se torna dominante, que Lacan, a partir da afirmação de "não há relação sexual" ou "Há o um (Yad'lun)", afirma que todos os gozos são suplências dessa impossibilidade. Quando Lacan fala em *sinthoma*, passa a ter uma nova definição de significante, o significante passando a se referir ao corpo. Rafael K. Cossi (2011) relata de forma bastante esclarecedora a gênese da noção de *sinthome* (p. 143). Conta que foi elaborada em seus últimos anos de ensino... O nó borromeano passou de três para o nó de quatro aros: real, simbólico, imaginário e o *sinthoma*. O *sinthoma* não pede significação ou interpretação. *Sinthoma* é o que nos singulariza, é o que não pode deixar de acontecer. O Gozo passa a ser pensado como algo que une os registros do real, simbólico e imaginário. A partir dos anos 1970, quando Lacan adota o real como referente, passa a ser possível pensar que cada um constrói seu gozo.

Corpos vivos

Sergio Laia (2019) faz uma importante releitura de Lacan, mostrando como em 1960/1998, no grafo do desejo, quando Lacan fala do "tesouro do significante", isso implicava uma simultaneidade onde não haveria qualquer temporalidade (p. 95). Era o auge do estruturalismo e a sincronia opunha-se à diacronia. Naquele momento, o Outro seria atemporal e a ordem simbólica, nas duas primeiras décadas, marca essa ordem.

Laia vai mostrando como Lacan deixa de falar em um "tesouro do significante", passando assim ao "tesouro dos significantes", no plural. Não se trata mais de uma regularidade estabelecida, nem de uma atemporalidade. A simultaneidade que caracteriza o funcionamento do significante não dá conta dos corpos vivos, onde a questão dos investimentos pulsionais está sempre presente. Por isso Lacan passa a falar da pulsão como "tesouro dos significantes", o plural introduzindo a temporalidade. Antes o Outro era sincrônico e enumerável.

Laia retoma a definição lacaniana para pulsão: "é o que advém da demanda quando o sujeito aí se desvanece" (Lacan, 1966/1998c, p. 831, citado por Laia, 2019). Quando o sujeito se desvanece, a demanda também desaparece, e surge a pulsão (Lacan, 1966/1998c, p. 831, citado por Laia, 2019). O que persiste é o "corte", diferenciando a pulsão e a função orgânica que ela habita.

É preciso deixar claro que demanda não é a mesma coisa que pulsão. A pulsão, força constante segundo Freud, não é passível de qualquer desaparecimento.

Sergio Laia (2019) afirma que o corte não só separa a pulsão e a função orgânica como provoca um desvanecimento do sujeito, fazendo com que a demanda apareça. Laia cita J. A. Miller, que fala em uma dessubjetivação, pois o sujeito não encontraria mais os significantes que lhe proporcionavam uma referência identificatória. A pulsão ultrapassaria o sujeito como efeito de significante.

Então, em todo desejo poderíamos encontrar processos de desidentificação, mesmo naquilo que nos designam como sendo o feminino e o masculino. Mais adiante, nesse meu texto, a partir de Zaltzman, poderemos entender melhor tudo isso.

Todos os corpos são bizarros

É também no seminário "Mais ainda..." que Lacan (1975/1982) reflete sobre a função e a natureza do amor na relação com o desejo, o gozo e o prazer. Coloca, então, amor e semblante como constituindo um registro específico. O outro registro seria o do gozo e do significante, do qual viemos falando até agora. Serge Andre cita Lacan: "quando se ama não se trata de sexo" (Andre, 1998/2006, p. 251). Ainda segundo Andre, "o amor visa o Outro mas nunca atinge senão um semblante ao qual tenta dar consistência" (p. 253). Procurando entender a antinomia entre gozo e desejo, Lacan formula a noção de "amuro". Esse termo é inspirado em um poema de Antoine Tudal:

> Entre o homem e o amor
>
> Existe uma mulher

Entre o homem e a mulher

Existe o mundo

Entre o homem e o mundo

Existe o muro

(citado por Dunker, 2016)

Christian Dunker, depois de transcrever o poema, afirma que

> *o muro é uma estrutura de defesa contra a falta (pedido), uma mensagem de indiferença contra o outro (oferta) e uma negação indeterminada de reconhecimento (recusa). O muro, ou a estrutura de véu quando se trata do fetichismo, diz invariavelmente que "não é isso", para os que estão fora, e consequentemente "é isso" para os que estão dentro. (Dunker, 2016)*

Citando agora Lacan (1975/1982) no seminário "Mais ainda...":

> *O amuro é o que aparece em signos bizarros no corpo. São esses caracteres sexuais que vêm do além, desse local que temos acreditado podermos ocular no microscópio sob a forma de gérmen . . . É de lá que vem o mais, o em-corpo, o A inda. É portanto falso dizer que há separação do soma e do gérmen, pois, por alojar esse gérmen, o corpo leva seus traços. Há traços no amuro. (p. 13)*

O amuro faz parede para a mortífera e buscada continuidade entre o gozo ligado ao Outro simbólico e o Outro real que é convocado. Esse Outro real como corpo no gozo. O amor, o desejo e o gozo encontrariam uma continuidade, o desejo não seria mais barreira contra o gozo (Andre, 1998/2006, p. 257) O ser escaparia não fosse o amuro. Assim o amor vai se reduzir ao objeto da fantasia. Se o amor/amuro é alimentado por nossa vida de fantasia, então todos os corpos passam a ser bizarros. O corpo é sempre o corpo imaginado, diria Jacques André (2016) em conferência pronunciada na Sociedade de Psicanálise de São Paulo. Afirma: "A anatomia *imaginária* é o destino, o sexo psíquico prevalecerá sempre sobre o sexo anatômico..." (p. 10).

Afinal, como diz Taís Souza, "existem mil sexos nesse corpo que o Estado diz que é dono".

Afinal, ninguém vive bem com seu sexo...

Essa frase é de Nathalie Zaltzman (1999), no seu ensaio "Do sexo oposto", inserido na coletânea *Diferenças sexuais*. Citando Zaltzman: "Em termos freudianos, a função sexual e o sexo são, para o Ego, um escândalo inaceitável, uma tal ameaça à sua integridade narcísica que ele nada quer saber a seu respeito..." (p. 103).

Zaltzman vai acompanhando o percurso freudiano, mostrando como aquilo que inicialmente parecia solidamente estabelecido, a clara diferença entre o feminino e o masculino, no texto "Análise terminável e interminável", acaba se transformando em masculino-feminino/recusa do feminino.

A partir da afirmação da inexistência de fantasmas especificamente masculinos ou femininos, Zaltzman conclui que "*o inconsciente não adquire distinção alguma estável e decisiva da diferença dos sexos*, pelo contrário, a característica dominante da polaridade sexual está em sua plasticidade" (p. 105).

A tese principal de Natalie Zaltzman, e que, a meu ver, traz bastante luz ao que foi desenvolvido nos outros itens, é que não há, para a relação sexual, qualquer código preestabelecido, não há inscrição primeira do ato sexual.

Observa que, "nos edifícios metapsicológicos de Freud, nenhum lugar, nenhum conceito, nenhuma alusão marcam o lugar do ato sexual na realidade psíquica. Diferentemente das pulsões parciais e das configurações inconscientes que conotam seu trabalho psíquico, nenhuma formulação teórica vem delimitar uma correspondência, uma determinação, uma ponte, um elo entre o ato sexual e a vida psíquica, exceto a teoria, sempre abandonada, apesar de nunca completamente, da neurose atual e do trauma, caracterizadas justamente por uma suspensão do trabalho psíquico" (Zaltzman, 1999, p. 109)

Zaltzman fala em uma profunda mudança na economia psíquica, com suspensão das representações separadas: o objeto parcial passa a ser o todo, passa a haver concordância entre todos os estratos do desejo, atualizando simultaneamente todas as passagens relativas à identidade de gênero. Manter uma diferença segura entre um sexo e o sexo oposto demanda um esforço que se afrouxa no ato sexual.

Concluindo: no ato sexual, tornamo-nos todos *gender fuckers* e corpos bizarros.

Para terminar: somos muitos carnavais

Você me dá

Muita confusão e paz

. . .

Vamos viver, vamos ver, vamos ter

Vamos ser, vamos desentender do que não

> Carnavalizar a vida coração
> (Caetano Veloso, "Muitos carnavais")

Assim eu analisava esse poema/marcha de carnaval de Caetano Veloso em um quase manifesto que introduzia meu mestrado *O hiato convexo: literatura e psicanálise* em 1987. Do livro que publiquei com o mesmo nome (Chnaiderman, 1989), retirei esse manifesto, "Por uma psicanálise poética", que agora transcrevo:

> *O carnaval absoluto. Simultaneidade total. Concretização hermafrodita, sol e mar, fechado e aberto, dois em um, muitos em um. Vamos desentender do que não = vamos entender do que sim? Des + não - duas negativas = sim. Duas afirmativas = não. Aqui não há simetria possível. Há apenas o ressoar anasalado do não, ar comprimido, chiando e instaurando a possibilidade de olhar para o vazio. Instaura-se a ruptura. Coração – não – confusão. Ser é poder debruçar-se sobre o nada (Heidegger), é desentender do que não.*

Hoje, passados exatamente trinta anos, como homenagem ao meu querido orientador Haroldo de Campos, translucifero esse meu ensaio nesse poema/marcha de carnaval de Caetano Veloso.

Somos todos *gender fuckers*, vivendo a necessidade de nos perder entre sol e mar. Em meio a muita confusão e pouca paz.

Referências

Allouch, J. (2010). *O sexo do mestre: o erotismo segundo Lacan.* Companhia de Freud.

André, J. (2016). *Que gênero de sexo*. Conferência pronunciada em agosto de 2016 na Sociedade de Psicanálise de São Paulo.

Andre, S. (2006). *O que quer uma mulher* (D. D. Estrada, Trad.). Jorge Zahar Editor. (Trabalho original publicado em 1998).

Braunstein, N. (2007). *Gozo* (M. Seincman, Trad.). Escuta.

Chnaiderman, M. (1989). *O hiato convexo, literatura e psicanálise*. Brasiliense.

Chnaiderman, M. (2014). *De gravata e unha vermelha* [Documentário]. Imovision.

Cossi, R. K. (2011). *Corpo em obra: contribuições para a clínica psicanalítica do transexualismo*. nVersos.

Dor, J. (1992). *Introdução à leitura de Lacan* (Vol. 2, C. E. Reis, Trad., C. Corbisier, Rev. e Trad. técnica). Artes Médicas. (Trabalho original publicado em 1989).

Dunker, C. L. (2016, novembro). Psicanálise e contemporaneidade: novas formas de vida? *Stylus, 33*. http://pepsic.bvsalud.org/scielo.php?script=sci_arttext&pid=S1676-157X2016000200010

Laia, S. (2019). Um update no conceito de pulsão. In H. Caldas & V. Darriba (Orgs.), *Um século de metapsicologia: Freud e o seu legado conceitual* (pp. 67-84). PGPSA/UERJ.

Lacan, J. (1982). *O seminário, livro 20: mais, ainda*. Zahar. (Trabalho original publicado em 1975).

Lacan, J. (1998a). A instância da letra no inconsciente ou a razão desde Freud. In J. Lacan, *Escritos* (pp. 496-533). Zahar. (Trabalho original publicado em 1975).

Lacan, J. (1998b). Subversão do desejo e dialética do desejo. In J. Lacan, *Escritos* (pp. 807-842). Zahar. (Trabalho original publicado em 1960).

Lacan, J. (1998c). *Escritos*. Jorge Zahar. (Trabalho original publicado em 1966).

Lacan, J. (2012). *O seminário, livro 19: ... ou pior* (V. Ribeiro, trad.). Zahar. (Trabalho original publicado em 1971-1972).

Pontalis, J. B. (2005). O inapreensível entre-dois. In J. B. Pontalis, *Entre o sonho e a dor* (pp. 113-128). Idéias & Letras. (Trabalho original publicado em 1977).

Zaltzman, N. (1999). Do sexo oposto. In P. R. Ceccarelli (Org.), *Diferenças sexuais* (pp. 89-120). Escuta.

29. As famílias e as novas sexualidades[1]

Letícia, pai e avô

> *O outro dia, num supermercado, foi engraçadinho, que ele disse: "vô, me compra bala pra mim, vô", e ele gritou alto e a moça disse, "não é o avô, é a avó", e ele respondeu: "É o meu vô".*

Essa é a primeira fala de Letícia Lanz no documentário *De gravata e unha vermelha*. Letícia Lanz nasceu Geraldo Eustáquio e demorou cinquenta anos até poder ser Letícia. Um sofrimento que hoje afirma ter sido "de muito aprendizado".

Vivi, na noite anterior à filmagem, uma enorme tensão, pois havia emitido a passagem de avião como Letícia Lanz, e não Geraldo Eustáquio de Souza, como está em sua carteira de identidade.

---

1 Publicado originalmente na coletânea organizada por M. Ramos, *Novas fronteiras da clínica psicanalítica de casal e família* (Escuta, 2016).

284 AS FAMÍLIAS E AS NOVAS SEXUALIDADES

Letícia me ligou e, durante a madrugada, conseguimos comprar outra passagem com o nome que está nos documentos.

Eu soubera de Letícia por intermédio de João Nery, primeiro homem trans do Brasil. Ele me contou que Letícia e Laerte faziam parte da diretoria da Associação Brasileira de Transgêneros. Vi as fotos de Letícia na internet e me encantei. Letícia tem o cabelo enroladinho, um *piercing* no queixo e um olhar maroto.

Letícia não quer mudar nem o nome nem os genitais. O nome porque adora ser "Geraldo", mesmo nome do pai, "que foi a pessoa mais maravilhosa" que já conheceu. E com os genitais ainda tem prazer. "Como os seios são muito importantes." Indaga-se: "Então… eu sou uma mulher de pênis…"

Sim, Letícia é uma mulher de pênis que adora ser vovô e ser pai dos três filhos que teve com sua parceira de toda vida, a Ângela. Uma linda história de amor. Letícia construiu uma família: três filhos e dois netos.[2]

Mas faz questão de manter seus documentos como Geraldo Eustáquio. O que faz de seu cotidiano uma permanente intervenção. Letícia fala de Barbie, gosta de se vestir como mulherzinha, do jeito "que as amigas feministas tanto criticam", afirma no filme. Mas, ainda é Geraldo Eustáquio. Seu dia a dia está documentado na página do Facebook "Transgente", e episódios dolorosos com gerentes de banco são frequentes. Ou na hora de tomar o avião…

Letícia questiona a cada minuto de sua vida o binarismo de gênero. Encarna o corpo abjeto, tal como foi pensado por Judith Butler, a partir de Julia Kristeva. Letícia afirma em seu livro *O corpo da roupa* (Lanz, 2015):

---

2 Hoje já são três netos!

O corpo transgênero transgride o dispositivo que rege a normalidade social. Ele não "devia estar" dentro daquela roupa, e, no entanto, está, contrariando as normas binárias de gênero. Ele é o corpo que viola os discursos normativos de gênero, que não se encaixa nas matrizes culturais de inteligibilidade, que escapa aos rígidos controles de conduta de gênero. (p. 384)

Afinal, "a boa nova é que não há corpos errados: há sociedades erradas" (p. 382).

Corpos abjetos

Patrícia Porchat (2014), em seu livro *Psicanálise e transexualismo*, aponta que Judith Butler "quer dar voz ao abjeto" (p. 101), quer se deter nos corpos não inteligíveis. Judith Butler é identificada como criadora da teoria *queer*. Para Patrícia Porchat, a teoria *queer* "se opõe a todas as demandas de identidade e insiste no fato de que qualquer um pode se engajar nos diferentes ativismos... Não são necessários marcadores de identidade para a participação política" (p. 18). Butler inovou ao pensar o conceito de gênero a partir da noção de performatividade. Os atos performativos tornam existentes aquilo que nomeiam. "Os atos de fala têm efeitos incalculáveis" (p. 94). Gênero é um tipo de fazer.

Porchat assim define o gênero: "Gênero agrupa os aspectos sociais, históricos e culturais, associados à feminilidade e à masculinidade, por oposição ao termo 'sexo', que designa os componentes biológicos e anatômicos" (p. 17).

Butler (2008), em *Problemas de gênero*, parte da discussão de Kristeva sobre a abjeção em *The powers of horror*, em que denuncia um tabu construtor de fronteira para construir o sujeito singular por exclusão. O "abjeto" designa aquilo que foi expelido do corpo, descartado como excremento, tornado literalmente "Outro". Parece uma expulsão de elementos estranhos, mas é precisamente através dessa expulsão que o estranho se estabelece.

Butler (2008) cita Kristeva:

> *A náusea me faz recusar este leite, me separa da mãe e do pai que o ofertam. "Eu" não quero nem ver esse elemento, signo do desejo deles; "eu" não quero ouvir, "eu" não o assimilo, "eu" o expilo. Mas já que a comida não é um "outro" para mim, que existo apenas no desejo deles, eu expilo a* mim mesma, *cuspo-me fora, torno--me eu mesma abjeta no próprio movimento através do qual "eu" afirmo me estabelecer. (p. 191)*

Roberto Gonçalves Ramalho (2006) nos mostra que abjeção não é apenas o que é rejeitado; uma característica essencial do referido conceito é o seu potencial de paradoxo, uma vez que exercita forças tanto repulsivas quanto atrativas num indivíduo. Ao mesmo tempo que o abjeto nos faz sentir repulsa, também nos atrai, pois o corpo abjeto representa tudo aquilo que foi rejeitado, sufocado e descartado pelo bem das "regras".

A fronteira do corpo, assim como a distinção entre interno e externo, se estabelece mediante a ejeção e a transvalorização de algo que era originalmente parte da identidade e uma alteridade conspurcada.

Young, lendo Kristeva e citada por Butler (2008, p. 191), afirma que o abjeto é uma "expulsão" seguida por uma "repulsa" que fundamenta e consolida identidades culturais hegemônicas em eixos de diferenciação sexo/raça/sexualidade.

O grande passo que Butler e outros pensadores dão é pensar a questão do abjeto enquanto conceito fundador de um funcionamento social. Os corpos abjetos de nosso mundo contemporâneo passam a ter importante papel político no questionamento do que é cabível em nossa cultura.

Esses corpos não inteligíveis, que tanto interessam a Butler, questionam a *Até*, conceito grego que fala dos limites da existência humana.

Para Denise Maurano (2001), buscar o trágico no pensamento psicanalítico implica uma confrontação com o limite do que pode ser visto ou sabido acerca da condição humana, ponto que pode ser designado pelo termo grego *Até*: "Esse termo, segundo Lacan, designa o móbil da verdadeira ação trágica, que aponta para certa calamidade fundamental, frente à qual o herói, movido pelo desejo, não se detém, malgrado o risco que sua ultrapassagem comporta" (p. 54).

Há uma versão desse ensaio que encontramos na internet em que Denise Maurano (2001) afirma:

> *Ultrapassando a* Até, *o limite onde se sustenta a existência humana, tanto Édipo quanto Antígona encontram o termo radical de seu desejo, ao preço, entretanto, de sua aniquilação como sujeitos. Nessa dimensão de dessubjetivação encontram, paradoxalmente, o mais essencial deles mesmos, para além de todo o narcisismo, até mesmo aquele indispensável para a continuação da existência. Mostrando o perigo de sua ultrapassagem.*

Aterrorizada pela *Até*, a psicanálise tem expulsado essas esfinges contemporâneas para o mundo da psicose ou da perversão.

288   AS FAMÍLIAS E AS NOVAS SEXUALIDADES

Nós, neuróticos, estaríamos tranquilos protegidos pelos muros da *polis*.

Parece ser difícil resgatar o polimorficamente perverso que antecede a definição de gênero e a sexuação. Jean Laplanche (2015) propõe o termo Sexual, resgatando os *Três ensaios* de Freud: "É uma sexualidade que se quer não procriadora, ou mesmo não principalmente sexuada, diferente do que se nomeia justamente a 'reprodução sexuada'. Portanto o Sexual não é o sexuado; é essencialmente o sexual perverso infantil" (p. 156).

Por tudo isso, os gêneros não inteligíveis são "paradigma da constituição do sujeito e da sociedade" (Porchat, 2014, p. 103).

Assim é que os personagens do filme *De gravata e unha vermelha* se tornam heróis trágicos de nossa contemporaneidade.

Territorializando intensidades amorosas

> *Eu tive um encontro incrível na minha vida, que foi a Gabriela Bionda, que é uma transexual extremamente feminina, mas que se sente contemplada em se autodenominar travesti. Nós nos encontramos em 1996 e ficamos casados até 2004, e nos casamos mesmo, no papel. Foi justamente nesse contato que eu entrei em contato com o universo da transexualidade e com a minha transexualidade. Eu costumava dizer que eu olhava para um espelho invertido.*

Essa é a fala final de Léo Moreira Sá no documentário *De gravata e unha vermelha* (Chnaiderman, 2014). Uma mulher que virou homem se casa com um homem que virou mulher...

> *Eu fui estudar alemão porque eu tinha intenção de ir fazer um estágio em Frankfurt, e lá eu conheci a minha mulher, a Ângela, com quem eu vivo há trinta e sete anos. Uma semana antes de casar com essa pessoa, que é uma grande companheira, é uma pessoa que sem ela teria sido muito difícil, então uma semana antes de casar com ela, eu falei eu não vou segurar essa barra, eu não vou dar conta, mas eu queria muito ter uma família... eu queria muito ter filhos, eu queria muito ser uma pessoa comum. Aí meu pai disse – meu pai sempre soube da minha história, e me aceitou, a minha mãe não, ela sabe mas não aceita.... Ele disse: essa mulher te escolheu, vá! E eu casei. E foi uma grande coisa que eu fiz na minha vida porque a gente sempre teve uma vida maravilhosa. Tivemos três filhos maravilhosos, dois homens e uma mulher, e hoje eu tenho dois netos, um neto e uma neta.*

Letícia Lanz e sua mulher formam uma linda família e, nas transformações em que Geraldo se tornou Letícia, preservaram seu amor.

João W. Nery, primeiro homem trans, relata:

> *Sou casado quatro vezes. Todos relações profundas, apaixonadas, eu sou um cara apaixonado, eu não consigo me relacionar se eu não tiver envolvido emocionalmente. Isso talvez seja na nossa cultura uma característica feminina que eu faço questão de preservar. Eu acho que pra valer a pena a gente tem que se jogar no lance.*

E mais adiante, depois do depoimento apaixonado de sua atual esposa, relata:

> *No meu terceiro casamento, que durou oito anos. A minha mulher engravidou. Não de mim evidentemente, porque eu sou estéril, enquanto homem. E aí, claro, foi um baque pra mim naquela hora. E eu acabo topando assumir a paternidade. Que é outro ato feminino, que é a questão da criação, do cuidar.*

Não há como não concordar com Silvia Bleichmar (2015), na palestra publicada pela revista *Percurso* "O que resta de nossas teorias sexuais infantis", na qual afirma: "os modos de exercício de sexualidade mudaram depois de um século" (p. 9). Relata ainda:

> *Percebi isso já há vários anos, quando, um dia, atendendo uma menina que não queria ir à escola, eu interpretei que era porque os pais ficavam juntos quando ela saía, e ela me retrucou: "Não, mamãe e papai fazem amor à noite". Em outra ocasião, aconteceu-me de interpretar as fantasias sexuais do intercâmbio entre os pais para um menino que me disse: "Não, Silvia, ela toma pílula". (pp. 9-10)*

A partir dessas constatações, feitas em sua clínica, Bleichmar tece importantes considerações sobre a sexualidade, procurando, em seu rigor na leitura de Freud, pensar o contemporâneo.

Faz uma importante diferenciação entre produção de subjetividade e constituição do psiquismo. Sobre a produção da subjetividade, afirma:

Alude aos modos pelos quais os sistemas de representa-
ções estão instituídos para que os sujeitos possam se
incluir na sociedade em que têm que viver. Está atra-
vessada por uma teoria que não é a do sujeito do in-
consciente, mas a do sujeito histórico. (p. 13)

O que me chama a atenção, tanto na reflexão de Bleichmar quanto na de Laplanche, é a separação entre o sujeito histórico e a produção do psiquismo. De qualquer forma, tanto Laplanche quanto Bleichmar nos mostram como diferença anatômica é posterior ao polimorficamente perverso e ao gênero. Uma criança se sabe menino ou menina antes de saber da diferença anatômica. Penso que tudo isso pode lançar uma nova luz sobre a compreensão das novas sexualidades.

Afirma Bleichmar (2015):

A grande descoberta da psicanálise é a ruptura da re-
lação entre identidade e escolha de objeto, sendo que
a identidade é da ordem do ego e a escolha de objeto
está relacionada com as marcas dos objetos primários
na recomposição identitária da diferença anatômica.
(p. 13)

Para onde foi o Édipo?

Bleichmar não deixa de ter suas reflexões atravessadas pela produção de subjetividade, mesmo quando reflete sobre a constituição do psiquismo. Recupera Lacan, que propõe que o Édipo implica na circulação do gozo em relação ao corpo da criança. Afirma: "a proposta psicanalítica é a ideia de que a proibição do incesto é a

292 AS FAMÍLIAS E AS NOVAS SEXUALIDADES

proibição do gozo intergeracional" (p. 15). Coloca então importantes questões:

> *o que fazer com a teoria do Nome do Pai, da metáfora paterna e tudo isso com os casais monoparentais? São casais perversos ou não? ... Se eu tomo, no centro dessa definição que a perversão implica dessubjetivação e o desconhecimento do outro, indubitavelmente a circulação num casal homoparental é amorosa. (p. 16)*

Nas novas famílias, a circulação da sexualidade se produz por um caminho diferente daquele do engendramento de origem. "De quem a criança sente ciúmes: do homem que dorme com a mãe ou de quem a engendrou?" (p. 16).

Bleichmar é categórica: as famílias existem para preservar suas crias: "o que importa é que tenha duas gerações, que circulem em relação às legalidades que impedem que o corpo da criança cumpra uma função que não seja a projeção futura em termos de transcendência" (p. 16). O que passa a estar em questão no Édipo é a forma como cada cultura pauta os limites da apropriação do corpo da criança. É a presença de duas gerações que vai definir uma família.

Novos territórios?

No prefácio ao seu livro *A família em desordem*, Roudinesco (2003) indaga-se sobre o desejo de família, tão presente nos movimentos *gays* e/ou outras configurações do desejo. Relembra o número especial da revista *Recherches* de 1973, intitulado *Três bilhões de perversos*. Naquele momento, filósofos, escritores e psicanalistas reivindicavam para os homossexuais um direito à diferença, sublinhando que a

> *maquinação homossexual entra em ruptura com toda forma de adequação possível a um polo parental de referência... digamos simplesmente, acrescentavam, que dentre alguns outros o homossexual pode ser, pode se tornar o lugar de uma ruptura libidinal importante na sociedade, um dos pontos de emergência de energia revolucionária desejante... (p. 8)*

Era um momento em que a família era contestada, buscavam-se novas alternativas nas formas amorosas. Eram tempos de Beatles e Rolling Stones e Woodstock.

Hoje, Roudinesco aponta, há um "familiarismo redescoberto" (p. 9). As minorias buscam a normatividade, o que vai causando incômodo nos setores conservadores. Não se contesta mais o modelo familiar, há o desejo de a ele se submeter. Roudinesco aponta que antes era mais possível identificar o homossexual, até pela própria estigmatização a que eram submetidos. Hoje são "mais perigosos, porque menos visíveis" (p. 10).

Roudinesco mostra como "a nova ordem familiar conseguiu represar a ameaça que a irrupção do feminino representava à custa do questionamento do antigo poder patriarcal" (p. 11). Há então um movimento em que as mulheres afirmam sua diferença, as crianças passam a ser olhadas como sujeitos e os "invertidos" se normalizam. O teórico principal de tudo isso foi Freud. Aponta Roudinesco que surge o "terror da abolição da diferença dos sexos, com a perspectiva de uma dissolução da família no fim do caminho" (p. 11).

294 AS FAMÍLIAS E AS NOVAS SEXUALIDADES

O fim da diferença dos sexos ou a necessidade de repensar o Sexual? Sexual aqui no sentido apontado por Laplanche, a partir de Freud. Aquele Sexual ligado ao polimorficamente perverso e que antecede a diferença anatômica.

É verdade que Lacan, com seu conceito de "falo", busca definitivamente dar um outro estatuto à sexualidade, fazendo-a independer da presença ou não de um pênis. Mas o falo ainda é a falta. Presente no feminino e no masculino. Será que Lacan consegue essa separação radical da anatomia?

Essas novas configurações familiares e sexuais nos fazem repensar a lógica fálica.

Em Letícia Lanz, João W. Nery e Leo Moreira Sá, os encontros amorosos se dão dentro de parâmetros outros, ainda muito desconhecidos nossos e que nos obrigam a uma releitura da psicanálise. Uma releitura, e não uma quebra de paradigmas. A grande questão passa a ser como nos manter fiéis a Freud e poder pensar o contemporâneo com todos os impasses que nele estão aflorados.

É preciso não fazer um uso indevido da teoria psicanalítica, tal como aconteceu na França quando o Campo Freudiano teve que vir a público defender-se contra o uso indevido da psicanálise feito por setores da sociedade francesa contrários ao casamento homossexual. Só uma leitura tacanha pode usar a psicanálise para impedir movimentos libertários e de busca de novos jeitos de amor. Afinal, "qualquer forma de amor vale a pena".

Referências

Bleichmar, S. (2015, junho). O que resta de nossas teorias sexuais infantis. *Percurso, Revista de Psicanálise, XXVIII*, 9-22.

Butler, J. (2008). *Problemas de gênero: feminino e subversão.* Civilização Brasileira.

Chnaiderman, M. (2014). *De gravata e unha vermelha* [Documentário]. Imovision.

Lanz, L. (2015). *O corpo da roupa: a pessoa transgênera entre a conformidade e a transgressão das normas de gênero.* Transgente.

Laplanche, J. (2015). *Sexual: a sexualidade ampliada no sentido freudino.* Dublinense.

Maurano, D. (2001). *A face oculta do amor: uma investigação filosófica da tragédia à luz da psicanálise.* Imago.

Porchat, P. (2014). *Psicanálise e transexualismo: desconstruindo gêneros e patologias com Judith Butler.* Juruá.

Ramalho, R. G. (2006). Abjeção em monstros de outrora e monstros da atualidade. In *Anais do III CLUERJ-SG.*

Roudinesco, E. (2003). *A família em desordem.* Zahar.

PARTE XI
O silêncio que fala
2016

30. A luta de um coletivo faz um documentário acontecer: o silêncio que fala

Em 2015, o trabalho psicanalítico com autistas e instituições públicas correu sério risco: o governo negava-se a continuar pagando profissionais que trabalhassem com a psicanálise alegando ineficácia e propunha só validar terapias cognitivas. Ocorre então uma grande mobilização no Movimento Psicanálise, Autismo e Saúde Pública (MPASP), que reunia profissionais orientados pela ética da psicanálise e que trabalhavam no campo da saúde mental em instituições clínicas e acadêmicas na rede pública. No site do MPASP, é possível ler: "O movimento começou em 2012 como resposta a diversas tentativas que visavam excluir as práticas psicanalíticas para o atendimento da pessoa com autismo". Foi nesse contexto que fui procurada por um grupo constituído por Adela S. Gueller, Tania Rezende e Mira Wayntal, que achavam importante construir um vídeo que esclarecesse o público em geral sobre a importância da psicanálise no trabalho com o autismo. Não tinham nenhum aporte financeiro. Queriam saber quanto custaria fazer um documentário com essa temática. Batalhariam nas instituições por doações para que o filme pudesse acontecer. Contaram de muitas imagens

300 A LUTA DE UM COLETIVO FAZ UM DOCUMENTÁRIO ACONTECER

gravadas pelos pais e profissionais. Passados alguns meses após esse primeiro encontro, haviam conseguido algum dinheiro e me passaram um vasto material gravado por pais: em vídeo e muitas vezes apenas oral... Instituições psicanalíticas do Brasil todo fizeram doações e pude fazer a edição do material que haviam conseguido. Fiquei muito comovida com o processo todo, em que a mobilização e a crença em um mundo melhor fizeram com que esse pequeno documentário acontecesse.

Parte XII

O oco da fala
2016

O grito silenciado
2016

Em busca da dignidade
2017

31. Corpos ausentes e presentes

Em janeiro de 2016, finalizei o curta-metragem *O oco da fala*.[1] Foi feito para a Clínica do Testemunho, do Instituto Sedes Sapientiae. As Clínicas do Testemunho foram parte do programa de reparação psíquica da Comissão de Anistia do Ministério da Justiça, que deixou de existir com os rumos neofascistas que o Brasil tomou, a partir do *impeachment* de Dilma Rousseff e a eleição de Jair Bolsonaro.

A escolha do nome do curta-metragem relaciona-se com a certeza de que o terror é irrepresentável, como afirma Claude Lanzmann, diretor do marcante documentário *Shoah*.[2] O oco da fala tem a ver com o que não cabe na linguagem.

Entrevistei pessoas que são atendidas pela Clínica do Testemunho e os peritos forenses que estão trabalhando na identificação das ossadas dos desaparecidos políticos. Não queria fazer mais um

---

1 *O oco da fala*. Direção: Miriam Chnaiderman, 16 minutos, 2015.
2 Landzman dirigiu o documentário *Shoah*, que significa "Catástrofe", evitando assim o termo "Holocausto", já tão pasteurizado. *Shoah* dura nove horas, durante as quais não há uma imagem sequer do terror dos campos nazistas.

304 CORPOS AUSENTES E PRESENTES

filme com depoimentos de vítimas do terror de Estado. Já existem importantes filmes que fazem isso. Queria mesmo fazer um filme sobre a questão da memória. Identificar as ossadas da vala clandestina de Perus mostra a importância do ato de nomear. Para poder fazer o luto. Para que a despedida possa acontecer.

Pensei então em fazer uma memória da cidade a partir de pessoas que viveram aquele momento de medo. Pedi então que, nos depoimentos, contassem da cidade. Da cidade que viveram naquele momento tenso, onde podiam ser presos e torturados a qualquer momento. Da cidade recortada por passeatas e perigosos encontros clandestinos.

Filmando os locais que apareceram nas falas, fui filmar na antiga Oban, depois Doi/Codi. Hoje um prédio abandonado atrás da delegacia da rua Tutoia. Onde morreu Vladimir Herzog, entre tantos outros. Depois de todas as burocracias para conseguir filmar, lá fomos nós. Manhã ensolarada, de céu azul. Aquela casa no fundo do estacionamento da delegacia me aterrorizava. Fazíamos o percurso que muitos companheiros que morreram fizeram. Ao subir as escadas descascadas, empoeiradas, fui sentindo os corpos machucados, sangrando. Realizei a minha missa de corpo ausente. Corpos ausentes, mas presentes em cada respirada. Mais uma vez, o real do corpo.

Homenageando os peritos

Um ano depois de concluídos os documentários *O oco da fala* e *O grito silenciado*, Cristina Ocariz, que coordenava a Clínica do Testemunho do Instituto Sedes Sapientiae pensou em homenagear os peritos que trabalhavam com as ossadas de Perus. Era preciso pensar em uma nova edição do material captado, pois não havia recursos para mais filmagens. Retomei o material captado e fizemos o documentário *Em busca da dignidade*. Nomear dá existência aos mortos pela ditadura civil-militar. Dar nome aos indigentes que são enterrados anonimamente, sem despedidas. Em meu segundo documentário, *Artesãos da morte*, descobri que em todos os cemitérios há um Cruzeiro, que homenageia os mortos não identificados...

Em busca da dignidade mostra a grandeza desse trabalho dos peritos, em que o direito ao enterro dos entes queridos é resgatado.

32. A representação do inomeável: três documentários para a Clínica do Testemunho[1]

A questão

Diante da tarefa que tinha – produzir, inicialmente, um curta-metragem e um vídeo institucional para a Clínica do Testemunho –, algumas questões se impuseram. Sempre soube que o terror é irrepresentável. Como não pasteurizar a dor? Nós, como psicanalistas, acreditamos na força da fala, da palavra. Mas e a imagem nisso tudo? Como dar conta, no cinema, dessa impossibilidade de representação?

Vivemos em um mundo onde a questão da possibilidade de representação do terror se impõe. Somos cotidianamente assolados por imagens atrozes de dor e impossibilidade. São campos de tortura no Iraque, jovens palestinos estraçalhados, explosões em restaurantes com mortes de centenas de civis, atentados em metrôs, carros desgovernados matando civis.

---

1 Este texto foi originalmente publicado em Maria Cristina Ocariz (Ed.), *Psicanálise e violência social* (Clínica do Testemunho/Centro de Estudos em Reparação Psíquica/Escuta, 2018).

308 A REPRESENTAÇÃO DO INOMEÁVEL

O que sempre esteve em questão, na Clínica do Testemunho, foi a palavra devolvendo a dignidade, resgatando sujeitos de uma história dolorida. Resgatando sujeitos em um mundo caótico e onde as utopias se perdem.

Vários documentários já haviam mostrado, com delicadeza e seriedade, a crueza da tortura e da violência de Estado no período da ditadura civil-militar. *Verdade 12.528*, de 2013, de Peu Robles e Paula Sacchetta, é um lindo documentário que acompanha alguns militantes e discute as Comissões da Verdade. *No olho do furacão*, documentário de Toni Venturi e Renato Tapajós (2002), tem importantes depoimentos.

Como diretora, eu não via nenhum sentido em tomar mais outros tantos depoimentos e falar mais uma vez do que já tínhamos podido ouvir.

Comecei a me indagar de que forma fui marcada por aqueles anos atrozes, quando, secundarista, participei de passeatas, vi meu pai ser preso três vezes, andava com medo de estar sendo seguida, acompanhei meu irmão até sua saída para o Chile de Salvador Allende. Quando caminho por São Paulo, a cidade é permeada de histórias desse momento. Fugas, passeatas, encontros clandestinos.

Foi assim que decidi filmar a cidade vivida, a cidade marcada por uma história de medo, de encontros, de perdas. *O oco da fala* e *O grito silenciado* foram marcados por essa escolha.

O oco da fala, um filme sobre aquilo que não pode ser nomeado. Esse resto indizível.

Em *O grito silenciado*, tentei dar conta do lindo trabalho realizado pela Clínica do Testemunho, dando voz aos pesquisadores-terapeutas, aos peritos forenses e aos que carregam triste sequelas de terror de Estado. O terceiro documentário, feito mais de um ano depois, *Em busca da dignidade*, homenageia os peritos forenses em seu duro trabalho de dar nome a ossadas da Vala de Perus.

Documentando o terror

Uma das formas de lidar com a (im)possibilidade de representação do terror foi aquela encontrada por Claude Lanzmann, em seu documentário *Shoah*, lançado em 1985: a recusa de qualquer imagem dos campos de concentração, do sofrimento de cada vítima. Não há qualquer movimento de câmera estetizante, não há possibilidade de identificação entre o que vivemos hoje e o que se passou naquele momento. É uma história que "precisa ser narrada no seu inenarrável" (Pelbart, 1994, pp. 28-33).

Shoah significa em hebraico "catástrofe" e é o termo que vem sendo usado – visando evitar a banalização pela qual passou o termo "holocausto" – para designar a morte de milhões de judeus pelos nazistas. *Shoah* dura nove horas e não tem uma única cena que mostre a violência nazista nos campos de concentração, não há uma cena de prisioneiros famintos e sofridos. Lanzmann trabalha com os impressionantes depoimentos de sobreviventes que choram diante da câmara. O distanciamento aumenta nas cenas em que o diretor necessita de um intérprete para o polonês e para o alemão. Os fatos são falados. A memória é filmada na fala. Algumas imagens se repetem infinitamente – o que vai acontecendo com a imagem é a mesma coisa que acontece quando repetimos uma única palavra uma infinidade de vezes –, o significado se esvazia, ela se torna puro significante ou pura materialidade imagética. Não há possibilidade de significar o catastrófico. *Shoah* denuncia e nos faz vivenciar o esvaziamento da memória e a impossibilidade de representação do terror. Mas resta a possibilidade da fala, do depoimento.

310 A REPRESENTAÇÃO DO INOMEÁVEL

Alguns documentários brasileiros vêm mostrando a fala como única possibilidade de trabalho com o catastrófico, numa recusa a oferecer qualquer imagem que amenize a atrocidade.

O documentário de Kiko Goifman e Jurandir Müller *Morte densa* (2001) reúne relatos de assassinatos cometidos por pessoas sem antecedentes criminais e que nunca mais voltaram a matar. São histórias, ou seja, são relatos. Segundo contam os diretores, uma das grandes dificuldades do projeto foi encontrar quem estivesse disposto a falar sobre uma experiência tão traumática.

Kiko e Jurandir estão interessados na alma humana, nos limites do demasiadamente humano, naquilo em nós que faz com que a vida sempre esteja por um fio. O objetivo do documentário *Morte densa* é abordar o significado da morte para pessoas que, apenas em certo momento de suas vidas, mataram. Os "assassinos-de-uma-morte-só". Para os diretores era inclusive irrelevante se os depoentes estavam presos ou não, tendo optado por colocar um fundo negro para cada fala. A fala passa para primeiro plano.

No Brasil, os documentários de Eduardo Coutinho vêm mostrando o quanto é rico filmar a fala. A busca de Eduardo Coutinho não é pelas generalizações, e sim pelo que é singular em cada um. E para ir ao encontro do que é único, nada melhor do que a fala. Contundência da imagem de um relato, de uma pessoa que fala da sua dor. Ou de seu dia a dia.

O diretor Paulo Sacramento, em *O prisioneiro da grade de ferro* (2003), preferiu imagens, as falas não seriam suficientes: os detentos filmam os ratos no pátio do Carandiru, mostram a balancinha de cocaína, a paisagem através das grades. Michael Moore é um documentarista que opta por mostrar através da imagem todo o horror do belicismo americano. A fala não lhe basta.

Imagem traumática

Se tomarmos a revista *Imagens*, publicada pela Unicamp, na edição de agosto de 1994, notaremos vários ensaios que falam tanto do programa *Aqui e agora*[2] como da cena do carro de Ayrton Senna se espatifando contra o muro.

Eugênio Bucci (1994), nessa revista, observa como a morte de Ayrton Senna repetiu-se incansavelmente nos meios de comunicação. Afirma: "a trombada de Senna contra *replay-e-replay* produziu os ecos de um clímax estupendo, forte demais para se esgotar instantaneamente – instantaneamente como uma vida humana.... A multidão devora as vidas dos ídolos. E depois as mortes dos ídolos". Eugênio Bucci termina afirmando que a violência nos meios de comunicação é quase sempre "instinto violento compartilhado". E instinto não do protagonista, mas de quem vê o espetáculo.

Fernão Ramos (1994), em artigo nessa mesma revista, refere-se a um comentário de Jô Soares em relação à morte de Ayrton Senna:

> *Fico impressionado e deprimido quando vejo todas as televisões repetirem incansavelmente as imagens irreversíveis do acidente (de Senna), e penso que o mais triste é ver que o mito não tem nem o direito inalienável de todos os homens: o de morrer uma só vez. (p. 22)*

Para Fernão Ramos aí estaria definida com precisão o que André Bazin sentia quando ia todas as tardes ao cinema para ver a morte de um toureiro. Essa contradição ontológica, essa tensão

---

2 *Aqui e agora* foi um programa de noticiário do canal aberto SBT, de forte apelo popular. Foi ao ar entre 1992 e 1998.

312   A REPRESENTAÇÃO DO INOMEÁVEL

entre o representado e sua forma de representação, constituiria, para Bazin, a imagem obscena – a morte é única e sua repetição é obscena. Fernão Ramos está interessado em pensar a imagem traumática, e trauma tem a ver com intensidade sem possibilidade de simbolização. Fernão Ramos pensa o trauma como o que interrompe a linguagem e bloqueia a significação: "O trauma é, na verdade, a consequência da certeza de que a cena realmente aconteceu..." (p. 20). Haveria na imagem da violência uma "dimensão referencial sobrecarregada", ou seja, a realidade invadiria implodindo a possibilidade de representação. A imagem traumática seria aquela que não pode ser absorvida na cadeia associativa. Permanece cristalizada sem possibilidade de elaboração. A obscenidade – de que nos fala André Bazin – teria a ver com o ter estado lá e captado aquele instante. Instante tão carregado energeticamente que só pode ser vivido como pura exterioridade em relação ao mundo psíquico.

Em 1994 assistíamos ao choque do carro de Ayrton Senna e sua morte. Em 11 de setembro de 2001, veríamos repetidamente em nossas telinhas de televisão um espetáculo de morte mais grandiloquente e aterrador: o momento da destruição das torres do World Trade Center, os aviões em choque contra os prédios, o fogo se alastrando, o desespero de 3 mil vítimas que se atiravam, o coração do Nova Iorque explodindo. Tudo isso televisionado ao vivo. Em tempo real.[3]

---

3   É importante observar aqui, como me fez notar, em conversa pessoal, Noemi de Araújo, que Ayrton Senna foi um episódio que teve como protagonista um único indivíduo, enquanto a destruição das torres foi um episódio que teve dimensões coletivas e de política internacional. Comentamos, em conversa pessoal, o quanto os tempos mudaram em um curto período.

O triunfo do virtual

Slavoj Žižek (2003), em seu livro *Bem-vindo ao deserto do real*, faz importantes considerações sobre o 11 de Setembro, refletindo sobre o que Alain Badiou definiu como sendo a paixão pelo Real e que caracterizaria o século XX.

Žižek assinala como, para a grande maioria, as explosões do WTC aconteceram na tela dos televisores. A imagem exaustivamente repetida das pessoas correndo aterrorizadas em direção às câmeras seguidas pela nuvem de poeira da torre derrubada foi enquadrada de forma a lembrar as tomadas espetaculares dos filmes de catástrofe. Aqui Žižek inicia uma importante reflexão sobre o conceito lacaniano de Real e a realidade, afirmando como o 11 de Setembro evidenciou que a realidade é a melhor aparência de si mesma. Quando assistimos na tela da televisão às duas torres do WTC caindo, ficou patente a falsidade dos *reality shows*: ainda que se apresentem como reais para valer, as pessoas que neles aparecem estão representando – representam a si mesmas.

Žižek lembra a provocativa declaração de Karlheinz Stockhausen de que o impacto dos aviões contra as torres do WTC é a obra de arte definitiva, o objetivo era o efeito espetacular.

Žižek surpreende-se com a ausência de imagens sangrentas: há uma assepsia na transmissão televisiva: não se veem pedaços de corpos espatifados, não há sangue, nem os rostos desesperados de pessoas agonizantes. Žižek aponta o contraste com as imagens do Terceiro Mundo, em que se faz questão de mostrar algum detalhe mórbido: somalis morrendo de inanição, mulheres bósnias violentadas, homens com a garganta cortada. Assim, o 11 de Setembro viria apenas confirmar que o verdadeiro horror acontece lá, não nos Estados Unidos.

314 A REPRESENTAÇÃO DO INOMEÁVEL

A forma como foram apresentadas as imagens de destruição das torres entra no mesmo processo de apresentar uma "realidade real" como uma entidade virtual. A realidade virtual simplesmente generaliza esse processo de oferecer um produto esvaziado de sua substância: oferece a própria realidade esvaziada de sua substância, do núcleo duro e resistente do Real. Žižek (2003) lembra que o café descafeinado tem o aroma e o gosto do café de verdade sem ser o café de verdade. Afirma: "Mais uma vez, a verdade definitiva do universo desespiritualizado e utilitarista do capitalismo é a desmaterialização da 'vida real' em si, que se converte num espetáculo espectral" (p. 28). Na sociedade consumista do capitalismo recente, a "vida social real" adquire de certa forma as características de uma farsa representada, em que nossos vizinhos se comportam "na vida real" como atores no palco... A "paixão pelo Real" culmina no seu oposto aparente, o *espetáculo teatral* – e Žižek lembra aqui o espetáculo dos julgamentos de Stalin, culminando nos atos espetaculares de terrorismo. Se a paixão pelo Real termina no puro semblante do espetacular *efeito do Real*, então, em exata inversão, a paixão pós-moderna pelo semblante termina numa volta violenta à paixão pelo Real.

Para Žižek, no 11 de Setembro, o fantasma da TV entrou na realidade, não foi a realidade que invadiu a imagem, e sim a imagem que destruiu a realidade. Ele explica: foram destruídas as coordenadas simbólicas que determinam o que sentimos como realidade. Žižek relembra os filmes americanos de catástrofe, as simulações, em monumentais efeitos especiais, da destruição do coração da América ou do espaço. Aprofunda-se na discussão psicanalítica do que seria a "travessia da fantasia", uma vez que o 11 de Setembro poderia ser assim visto: o terrorífico de uma fantasia que se torna realidade. Em jargão psicanalítico, pensa-se muito o processo de análise como uma "travessia do fantasma". Mas essa travessia não tem nada a ver com "libertar-se das fantasias e um melhor enfrentamento da realidade tal como ela é" (p. 36). Lacan pensa de modo totalmente distinto: atravessar a fantasia significa *identificar-se totalmente com a fantasia* – a saber, com a fantasia que estrutura o excesso que resiste à nossa imersão na realidade diária, imersão que é sempre perturbada por sintomas que atestam o fato de que outro nível reprimido de nossa psique resiste a ela. Geralmente dizemos que não se deve tomar ficção por realidade. Aqui, a psicanálise é o contrário: não se deve tomar a realidade por ficção – é preciso ter a capacidade de discernir naquilo que percebemos como ficção o núcleo duro do Real, que só temos condições de suportar se o transformarmos em ficção. Muito mais difícil do que denunciar ou desmascarar como ficção (o que parece ser) a realidade é reconhecer a parte da ficção na realidade "real".

Para Žižek, no dia 11 de setembro de 2001 nosso olhar foi "transfixado" pelas imagens do avião atingindo uma das torres do WTC e "fomos forçados a sentir o que são a 'compulsão à repetição' e a *jouissance* (gozo) além do princípio do prazer: tínhamos de ver tudo aquilo vezes sem conta; as mesmas imagens eram repetidas *ad nauseam*, e a estranha satisfação que elas nos davam era a *jouissance* em estado puro" (p. 26).

Filmando O oco da fala *e* O grito silenciado

Ao escolher filmar a cidade hoje, assumi a impossibilidade de um real transbordante na imagem. A cidade era o anteparo entre o relato do terror e a vivência atual.

Pensei em fazer uma memória da cidade a partir de pessoas que viveram aquele momento de medo. Pedi então que, nos depoimentos, contassem da cidade.

316   A REPRESENTAÇÃO DO INOMEÁVEL

Como já mencionado, filmando os locais que apareceram nas falas, fui filmar na antiga Oban, depois Doi/Codi. Hoje um prédio abandonado atrás da delegacia da rua Tutoia.

A cadeira de rodas empoeirada em cima de um precário vaso sanitário falava de dores atrozes. O espaço onde a luz estoura, na ampla sala de tortura, produz memórias de espasmos hemorrágicos, coluna vertebral que quase se quebra e que um dia se quebrou.

Ruptura nessa repetição de um gozo repetitivo e que nos diz do real invasivo. Um cuidado com a imagem que permanece imagem e não se confunde com um real inomeável.

O trabalho dos peritos: existiu mesmo...

Os peritos nos contam do alívio de alguns familiares quando da descoberta da Vala de Perus... essas mortes nos porões da ditadura haviam acontecido, não eram loucura....

Sr. Toninho, que era administrador no/do Cemitério de Perus nos anos 1970, denunciou a Caco Barcellos a existência da vala clandestina. Toninho foi protagonista ao mostrar para o mundo essas centenas de ossadas anônimas. A prova da tortura e do assassinato estava escancarada para o mundo. Existiu, sim!

Nesse trabalho dos peritos, o núcleo duro do real fica escancarado e assim fica possível discernir fantasia e realidade. O que Žižek denuncia no episódio do World Trade Center fica assim coartado. Os fantasmas passam a ser fantasmas e o estatuto do real se reestabelece. Resgata-se assim a possibilidade de sonhar.

Referências

Bucci, E. (1994, agosto). O fator Leo Minosa ou uma das possibilidades de violência nos meios de comunicação. *Imagens, 2*, 62-67.

Pelbart, P. P. (1994, agosto). O salto de Mefisto, a violência invisível do filme Shoah. *Imagens, 2*, 28-33.

Ramos, F. P. (1994, agosto). Imagem traumática e sensacionalismo: a intensidade da imagem-câmera em sua adesão ao transcorrer e sua tematização ética. *Imagens, 2*, 18-27.

Žižek, S. (2003). *Bem-vindo ao deserto do real!* Boitempo.

33. Duas crônicas: as filmagens de *O oco da fala*

A dignidade dos cachorros[1]

O dia de filmagem no Cemitério de Perus tinha sido duro. O mormaço queimava e o calor era insuportável. Havíamos entrevistado os peritos forenses que trabalham com as ossadas retiradas da vala clandestina. Escolhi um muro branco, ao lado do monumento que marca o local onde foram encontrados os corpos. O monumento cor de terra com a frase de Luiza Erundina nos acompanhou em nossa árida jornada. Quis filmar em frente ao muro branco para fazer o contraste com os depoimentos que fiz com aqueles que hoje frequentam a Clínica do Testemunho do Sedes Sapientiae, e que tinha como fundo um pano preto. A Clínica do Testemunho é parte do programa de reparação da Comissão de Anistia do Ministério da Justiça. Os peritos forenses também vêm sendo atendidos em um trabalho que busca dar suporte para o que fazem. São jovens, alguns formados em Arqueologia, outros em Ciências

---

1 Publicado no *Boletim Online* 37, abril 2016, Departamento de Psicanálise do Instituto Sedes Sapientiae.

320 DUAS CRÔNICAS: AS FILMAGENS DE *O OCO DA FALA*

Sociais, uma em Biologia, que passam seus dias convivendo com as ossadas. Limpam esqueletos, conversam com os familiares dos desaparecidos políticos, cuidam – como dizem – de dar dignidade à morte de pessoas que foram desaparecidas. Dar dignidade. A corpos maltratados, que foram jogados como se fossem lixo...

Por meio das falas dos peritos, vamos tendo acesso ao que foi acontecendo. Na década de 1970, os corpos eram trazidos ao cemitério e fazia-se o registro como desconhecido ou com um nome falso. É possível ver isso nos livros azuis que ficam em prateleiras na parte administrativa do Cemitério. O Cemitério Dom Bosco foi inaugurado por Paulo Salim Maluf e a ideia era instalar um forno crematório para eliminar qualquer vestígio. Foi a companhia inglesa que fabricava o forno que – desconfiando das intenções dos dirigentes políticos e sabendo que o Brasil vivia um período assassino – não realizou o projeto nefasto.

Um cemitério distante do centro, de difícil acesso, onde vestígios de corpos com marcas da violência da tortura seriam queimados. Foi depois disso que o primeiro forno foi instalado no Cemitério da Vila Alpina, lugar mais central. Naquele momento, meados da década de 1970, os corpos haviam sido exumados, retirados das covas individuais. Quando não foi instalado o forno, abriu-se a vala clandestina onde foram jogados os restos mortais de 1.564 pessoas. Eram pessoas mortas pelo Esquadrão da Morte, vítimas de epidemias ocultadas pela censura à imprensa, mortos pelo abandono do Estado e corpos de desaparecidos políticos.

Foi em 1990 que o jornalista Caco Barcellos, a partir de informações dadas por Antônio Pires Eustáquio, administrador do Cemitério Dom Bosco, em Perus, chegou à vala clandestina. Caco investigava a venda de caixões nos cemitérios da capital para uma reportagem na TV. Paralelamente, para seu importante livro *Rota 66* (Barcellos, 1992), fazia um levantamento sobre mortes envolvendo policiais militares na cidade de São Paulo. Foi em setembro de 1990 que Luiza Erundina criou a Comissão Especial de Investigação das Ossadas de Perus.

Naquele domingo, defronte ao local onde foram descobertas as ossadas, ficamos sabendo de uma dura história. A sensação de estar mexendo em porões impenetráveis desse nosso Brasil.

Depois que foi aberta a vala, as ossadas foram levadas para a Unicamp. Badan Palhares responsabilizou-se pela identificação. Tudo isso está registrado em um importante documentário dirigido por João Godoy, *Vala comum* (Godoy, 1994).

Aí começa uma triste história de abandono. Pela segunda vez, esses corpos são abandonados e desaparecidos. Palhares recebeu o dinheiro do governo para trabalhar na identificação dos corpos e abandonou o trabalho. As ossadas ficaram abandonadas em uma sala da Unicamp, sem qualquer cuidado. Foram misturadas, jogadas para lá e para cá. Os peritos relatam a existência de fotos em que os sacos de lixo preto com as ossadas estão embaixo de cadeiras amontoadas. Sem qualquer dignidade. Como se fossem nada. Um nada monstruoso. Que cheira mal...

Foi preciso que os familiares se mobilizassem para que as ossadas fossem retiradas da Unicamp. O lugar juridicamente designado para as ossadas seria o Instituto Médico Legal.

Novo protesto do grupo de familiares. Como os corpos poderiam ficar no mesmo lugar que forneceu laudos falsos para as mortes ocorridas nos porões da ditadura? É quando os corpos são levados para o Cemitério do Araçá, onde ficariam por mais dez anos. Abandonados.

Só em 2014 surgiu o Grupo de Trabalho de Perus, composto pela Secretaria dos Direitos Humanos de Brasília, a Secretaria dos Direitos Humanos de São Paulo e a Unifesp, onde foi criado um grupo de trabalho com peritos forenses.

Na primeira entrevista que fizemos, a perita chorou ao contar dos casulos de insetos que encontrou nos crânios ao abrir as caixas. São 1.051 caixas. A cada dia, o encontro com ossos, fungos, terra, restos de animais. Aqueles esqueletos foram ganhando nomes, caras, história. A dor sentida quando tem cabelo, resto de uma roupa. Não são mais ossadas. São pessoas desaparecidas com uma história. Com uma família. São 42 desaparecidos políticos. Os outros corpos são também restos de uma dura história brasileira.

No depoimento de um perito, a afirmação de que o termo "indigente" não deveria nem existir. São pessoas, como todos nós, que vivem de modo precário. Pessoas. O fotógrafo, contratado para registrar todo esse processo no Laboratório de Antropologia Forense, relata estar comovido de participar de um momento tão solene, em que pessoas abandonadas são resgatadas. Todos os peritos se despedem de seus companheiros de trabalho quando encerram o dia: "Amanhã voltamos...". Despedem-se daqueles seres humanos.

O olhar sobre o mundo foi transformado, em todos eles. Um dos peritos conta que, quando esbarra na rua com um pé de meia no meio da sarjeta, fica exasperado: o que terá acontecido à pessoa que calçava essa meia? Outra perita conta de sua angústia sempre que passa por uma pessoa em situação de rua. É preciso cuidar, é preciso aconchegar.

Em todos os peritos, a fala é de orgulho por devolver dignidade a pessoas abandonadas.

Na saída do cemitério, em uma avenida de periferia, vi dois cachorros atropelados, cercados pelos companheiros de matilha. Formavam uma roda, e o maior, dignamente, velava os mortos com os outros. Ritual fúnebre, silencioso, em meio à avenida barulhenta. Desejei que alguém pudesse parar o carro e dar um enterro digno àqueles corpos. Parece que esperavam por isso.

O túmulo possível

Naquele domingo, desmarcamos a filmagem de *O oco da fala*. A previsão do tempo era de chuva e trovoada. Deveríamos filmar no Cemitério Dom Bosco, em Perus, onde foi descoberta a vala comum com os restos de desaparecidos políticos. Desaparecidos assassinados nos porões da ditadura civil-militar. De fato, o dia amanheceu cinzento e chuvoso. Resolvemos ir até lá, fazendo a produção para o domingo seguinte. Queríamos conversar com Sr. Toninho, o coveiro que descobriu a vala, e pesquisar lugares para deixar o equipamento. Estávamos também preocupados em encontrar algum lugar onde a equipe pudesse almoçar. Na outra filmagem, em que entrevistamos as pessoas que frequentam a Clínica do Testemunho do Instituto Sedes Sapientiae, não havíamos tido tempo para o almoço e a equipe realmente se ressente quando isso acontece. O trabalho é pesado. Carrega-se equipamento, luz. É tudo muito artesanal e lento. Mas, nesse primeiro dia, eram muitas pessoas que queriam falar. Falar de suas histórias, daquilo que fazia com que frequentassem a Clínica do Testemunho. São pessoas que trazem a marca do momento de terror de Estado, e que se inseriram no programa do Ministério da Justiça de reparação psíquica que criou a Clínica do Testemunho.

Meu pedido era de que falassem da cidade, da cidade daquele momento atroz. Eu não queria fazer mais um filme com depoimentos de tortura e prisão. Já existem ótimos filmes, importantíssimos, que cumprem essa missão. Minha ideia era mostrar percursos. Foi a partir do relato de Fernando, que todo dia primeiro de maio vai até a Praça da Sé lembrando dos comícios dos anos 1970, que surgiu a ideia de contar a história daquele momento por meio da cidade. Mas, na filmagem, as dores daquele momento atropelaram as memórias da cidade.

O segundo dia de filmagem seria no cemitério, onde entrevistaríamos os peritos forenses que estão trabalhando na identificação das ossadas. São jovens, que não viveram a ditadura. Como é, para eles, trabalhar na identificação das ossadas de desaparecidos políticos? Outro foco do documentário seria a questão das gerações e da transmissão da história sofrida daquele momento aterrorizante.

Naquele domingo cinzento, depois da difícil decisão de desmobilizar a equipe, lá fomos, eu e Reinaldo Pinheiro, parceiro e produtor, até o Cemitério de Perus. Dispostos a preparar o próximo domingo.

É sempre bom o fluir da estrada. Chovia pouco, um dia escuro. Pegamos a rodovia e o desvio que leva a Perus. Na entrada do cemitério, o pequeno bar onde Sr. Toninho vende cerveja, refrigerante e cachaça... Sempre tem algum freguês sentado em uma das duas mesas. Pode ser um coveiro, pode ser um parente acompanhando a família em um enterro. O contato com a morte dá vontade de beber, desejo de alguma anestesia para a dor das despedidas. Mas Sr. Toninho está sempre disposto a falar e é muito carinhoso. Fica feliz quando é procurado para contar a história de como descobriu a vala. Conta de como foi ameaçado, temiam que fosse morto. Mas afirma: "todo mundo vai morrer um dia... se for pra morrer, o que é que eu posso fazer...". Ele nos acolheu com seu sorriso carinhoso. Quer falar, quer testemunhar. Quer que o mundo saiba do que fez, na tentativa de que famílias possam enterrar seus queridos perdidos. Conta dos movimentos madrugada adentro no cemitério escuro. Carros que chegavam despejando cadáveres.

Entramos no cemitério. Um cemitério humilde onde os enfeites são plantas e flores coloridas. As cruzes dos túmulos são de madeira. Nas paredes, os jazigos com fotos e frases carinhosas. Passamos o portão e percorremos o caminho que aqueles corpos, envoltos em sacos de plástico preto, devem ter percorrido, carregados como lixo que serve de alimento aos urubus. É doloroso atravessar aquele portão. Na entrada, à direita, a imagem de Dom Bosco. Linda como uma escultura nordestina, parecendo mesmo aquela cerâmica popular que encontramos nas feiras. Colorida de azul-celeste. Florida.

Dirigimo-nos à Administração ou Recepção. Alex nos recebe gentilmente. Mostra a copa, onde os funcionários fazem suas refeições. Sugere que ali seja nossa "base", ou seja, que deixemos os equipamentos por lá. Como em muitas outras filmagens que acompanhou. Conta de um pessoal de fora, que trabalhou com atores. Conta das mulheres que foram sendo envelhecidas, as mães buscando seus filhos...

Depois, Alex nos mostrou os livros de registros. Imensos livros encapados com um plástico azul. Peguei os do início da década de 1970 e folheei. Eram muitos os corpos não identificados. Corpos com traumatismos, sinais de enforcamento. Mas será que aqueles corpos, dentro dos sacos de lixo, também eram registrados quando chegavam ao cemitério? Ou simplesmente eram jogados terra adentro? Em profundidade estudada, para não atrair urubus ou animais quaisquer. Nem gente. Nem seus familiares desesperados.

Aí comecei minha caminhada pelo cemitério, enquanto Reinaldo pegava o carro. Queria buscar lugares onde fazer as entrevistas com os peritos, pensar nos movimentos da câmera e chegar ao monumento que marca o lugar da vala onde eram jogados os corpos. Luiza Erundina assina a frase que marca o estranho mausoléu de onde foram retiradas as ossadas. Assim termina a inscrição: "Fica registrado que os crimes contra a liberdade serão sempre descobertos".

Vou andando pelo cemitério, pisando no barro e na grama, comovida. Triste. Impressionada. No caminho, um pedreiro se oferece para limpar o túmulo que eu teria vindo visitar. Explico que

326 DUAS CRÔNICAS: AS FILMAGENS DE *O OCO DA FALA*

vim homenagear os desaparecidos que, por alguns anos, estiveram enterrados naquele chão. Acho que ele não entende nada do que eu lhe digo. E eu entendo que ele não entenda o absurdo disso tudo.

Enquanto caminho, lembro do filme de Guzmán *Nostalgia da luz*, em que mães e irmãs percorrem o deserto do Atacama buscando restos de osso, restos quaisquer que possam justificar o ritual do enterro, o ritual da despedida. Sem a despedida, não há como fazer o luto. Há sempre a possibilidade da volta e do reencontro. Fica difícil viver nessa suspensão permanente.

Vou andando, pisando no gramado que ladeia o monumento, vou buscando, eu também, vestígios dos corpos e das ossadas. Rente ao monumento, alguém depositou plantas com folhinhas brancas. Cuidadosamente. Lembro dos Cruzeiros dos cemitérios, onde as velas são acesas para pessoas que desapareceram. Morreram sem enterro.

Junto às florezinhas brancas, uma lata com um ramo. Como um vaso junto a um túmulo. O túmulo possível.

Fotografo e vou me dirigindo ao carro. De repente vejo um senhor, com camisa do Corinthians e chinelos tipo havaianas, dirigir-se resolutamente até o monumento. Tem barba, é barrigudo. Olho e vejo que ele não pode olhar nada. Vai andando até o lugar da vala. Fico observando de longe, respeitosamente. Penso na delicadeza de estar naquele lugar. Na delicadeza de estar fazendo um documentário como esse. Poderia ter falado com essa pessoa e ter conseguido mais um material para o filme. Escolhi não falar e respeitar aquele momento. Fico observando, pois a minha presença parece não contar. Havia apenas o caminhar movido pela dor e pela saudade. Não existia nada em volta. Nem árvores, nem gente, nem nada. Fico olhando de longe. Aquele senhor para diante do muro de tijolos com aquela inscrição e, de repente, ergue os braços e, em comunhão com o sagrado, reza ou fala algo. As palmas da mão voltadas para o muro, em um contato sagrado com a sua história. Aquilo dura alguns segundos. Eu choro. E, a seguir, retira-se. Com o mesmo andar resoluto e sem olhar para os lados.

Aquele era o túmulo possível para seu ente querido. Um irmão? Um pai? Um amigo?

Como é difícil não se despedir de quem amamos...

Saio do cemitério tendo presenciado um momento especial, de alguém que não conheço. Mas que me presenteou, sem saber, o sentido de meu documentário. Vivo em mim o silêncio e o oco da fala. Não há fala que dê conta dessa dor.

Os caminhos de O oco da fala

Com esse documentário, concretizei minha indagação de documentarista e que se une à minha clínica: como dar nome ao que não cabe na fala...

Sempre numa aposta de esperança e de vida.

Com o *impeachment* de Dilma Rousseff e todo o contexto político que vivemos até 2022, quando Lula foi eleito, a exibição dos documentários passou a ser um ato político e uma tomada de posição a favor da dignidade humana.

Referências

Barcelos, C. (1992). *Rota 66*. Globo.

Godoy, J. (1994). *Vala comum* [Documentário]. Kawy Produções.

Parte XIII
Conclusão infinda

34. Fluxos em espiral

É possível traçar alguma linha de continuidade no percurso que aqui apresento. Começo com *Dizem que sou louco*, uma escuta da cidade. Penso que, de algum jeito, continuo fazendo esse documentário. Há seis anos pertenço ao coletivo Escutando a Cidade, em que analistas e uma antropóloga historiadora caminham pela cidade buscando apreender, escutar, aquilo de que nos fala a cidade.[1] Assim é que buscamos as bordas da cidade, escutamos aqueles que não têm lugar, caminhamos e caminhamos em uma escuta desconhecida.

Artesãos da morte ganha continuidade em *Sobreviventes* e em *O oco da fala*. Os limites de nossa possibilidade de simbolização, o terrorífico invadindo e colocando limites intransponíveis.

O corpo se presentifica na questão racial e na questão da exclusão. Corpos presentes e ausentes.

---

1 Compõem esse grupo Alessandra Sapoznik, Luiza Sigulem, Paula Janovitch, Peu Robles, Soraia Bento e eu. Para mais informações, consultar o site www. escutandoacidade.com.br.

A questão do que não cabe na fala, ou seja, da relação da fala com o afeto, permeia esse percurso.

Sair do confinamento do consultório, encarar o mundo externo de forma tão aguda, desperta escutas inusitadas na clínica.

Termino com a apresentação de uma sessão em que o mundo externo invadiu, contundentemente, o sempre impassível espaço de meu consultório.

Fica aqui a proposta de reflexão sobre esses temas tão complexos.

35. A escuta do fora e a escuta do dentro: estar na cidade[1]

Era uma tarde ensolarada, novembro. Muito calor. Eu, no meu consultório, ia vivendo meu lugar de psicanalista, confortavelmente instalada em minha poltrona atrás do tradicional divã.

Os consultórios de psicanalistas parecem montados para dar uma ideia de atemporalidade. Lembro sempre do consultório de Freud, com os tapetes persas e os objetos antigos, arqueológicos, trazidos de viagens aos confins europeus. No seu caso clínico "O homem dos ratos", Freud aponta seus objetos arqueológicos para exemplificar a atemporalidade do inconsciente. Em meu consultório, também minhas lembranças, não tão arqueológicas ou antigas... Artesanato brasileiro, bonecas de pano, meus livros amontoados na mesa, meus quadros. Uma certa bagunça de um dia a dia de leitura e escrita e escuta. Lembro que quando comecei minha primeira análise, início da década de 1970, eu ainda estudante, havia psicanalistas que achavam ter quadros nas paredes do consultório uma heresia. Era preciso que o analista propiciasse ao

---

1 Texto originalmente publicado no site www.escutandoacidade.com.br.

paciente uma tela branca para suas projeções. Assim, a roupa deveria ser a mais discreta possível, o analista deveria manter sempre uma aparência discreta e estável. As interferências externas deveriam ser as mínimas necessárias. Lembro de uma conversa que tive com uma psicanalista hoje didata da Sociedade Brasileira de Psicanálise, em que ouvi que não havia qualquer interesse no quanto um paciente ganharia para pensar no preço de uma sessão, pois o que interessaria seria o mundo interno. Como se o mundo interno fosse uma entidade essencial ao qual nós, psicanalistas, devêssemos aceder.

As paredes daquele meu consultório foram construídas para vedar qualquer passagem de som. É como se, ao adentrar aquela sala, um silêncio invadisse o ambiente para que o inconsciente pudesse aflorar sem qualquer interferência do mundo.

Entrar naquela sala, saindo do burburinho da rua e da caminhada que faço para chegar, era sempre algo que me centrava. Aguçava minha escuta, me recolocava sempre em meu lugar.

Naquele dia de meio da semana, eu ia seguindo minha rotina, recebendo meus analisandos. É de uma riqueza única esse contato tão íntimo e especial com cada um. Meu encantamento é imenso.

Sempre que abro a porta, no final da sessão, naquele consultório eu podia enxergar os prédios de Higienópolis, ver o céu, sentir o movimento na rua. Mas as janelas do consultório dão para a piscina de um desses prédios chiques. Muitas vezes os ruídos de crianças brincando ao final da tarde invadiu sessões. Aí, eu fechava a janela.

Os sinos da igreja em frente eram o único ruído que eu não tinha como silenciar. Era o bimbalhar tão raro em nossos dias, lembrando igrejas medievais. Mesmo nesse momento, a sensação era de atemporalidade. Um rasgo nesse mundo eletrônico. Um rasgo que levava os pacientes a silenciarem, respeitosamente, e esperar que o um minuto em que o sino tocava passasse. Sempre perto do meio-dia e perto das 18h.

O sino já havia tocado, era meio da tarde. Abri a porta da sala de espera, e L. entrou.

Seus 40 e poucos anos se faziam mostrar nos fios brancos de um cabelo preso em um rabo de cavalo. Cuidados. Aparados. Camiseta e *jeans*.

L. se sentou no divã. Não se deitou. Vinha de um internamento de dois meses.

Fui escutando sua fala. Sua fala sobre esse limite tão tênue, entre a vida e a morte.

Subitamente, um estouro na rua. A rua existe? Eu continuei presa à fala da L. Era uma fala sofrida, de alguém tateando no mundo do trabalho, no mundo ordinário.

Depois do estouro, que parecia bombinha da São João – mas estávamos em novembro, as festas juninas já haviam terminado... –, sirenes soaram. A correria na rua, o ruído de passos apressados invadiu aquela sala sagrada. Fiquei em silêncio, atenta às palavras de L.

Comecei a ser tomada por uma angústia. Uma angústia que não tinha a ver com o que L. vinha me falando. Não se tratava de identificação projetiva – não eram as angústias de L. que eu estava vivendo. Nem as minhas. Era algo que brotava da janela, e que vinha da rua. Sirenes ressoavam janela adentro. Fiz um imenso esforço para escutar L.

Lembrei de quando fui atrás de um psicanalista recém-chegado de Londres para iniciar uma nova análise. Enfrentei uma São Paulo caótica, com greve dos transportes públicos. Era uma

336 A ESCUTA DO FORA E A ESCUTA DO DENTRO

primeira entrevista e eu consegui chegar com trinta minutos de atraso. E tive que ouvir que o congestionamento era interno.

Mas, agora, com L., um helicóptero parecia adentrar a sala. Falava ou não a L. do que estava ocorrendo? Mas o que estava ocorrendo? Não tinha como falar em ruídos internos.

Fiquei atenta para captar na fala da L. qualquer indício dessa invasão atroz, aguda, dolorida, que ocorria naquela sala atemporal.

Lembrei de um momento da minha primeira análise: era a Copa de Futebol, o Brasil jogava. Minha sessão começava durante o segundo tempo do jogo. Vou, a contragosto, à minha sessão. O Brasil ganha. O consultório de meu primeiro analista, naquele momento, era em pleno coração paulista. Quando o Brasil ganhou, os fogos pipocaram. Em seguida, uma batucada maravilhosa invadiu aquela sala. Uma batucada em que nossas vozes só podiam silenciar. A uma certa altura, nós dois concluímos que seria impossível realizar a sessão. Naquele momento, eu, aos 20 anos, era chamada de senhora, comparecia àquela sessão cinco vezes por semana, em que encontrava um analista sempre impávido... Mas, naquele momento, o mundo nos invadiu e tivemos que nos curvar a ele.

Naquela minha sala onde as paredes eram vedadas, a realidade se fez mais forte do que o isopor colocado no cimento das paredes.

Houve um momento em que os helicópteros – que pareciam se multiplicar absurdamente – pareciam sobrevoar nossas cabeças. E L. continuava sua fala, como se nada houvesse. Afinal, as invasões e catástrofes internas eram tão monumentais que aquilo que invadia a sala ficava minúsculo.

Mas o ruído dos helicópteros só aumentava. E sirenes soavam de todos os lados. Ruído de passos na rua. E L. continuava falando.

L. acabara de sair de um internamento. Um internamento conturbado. Com episódios duros em que a morte beirou seu cotidiano. O que, aliás, caracterizava seu dia a dia desde a adolescência. Escolhi não falar do burburinho de fora. Dura escolha.

Depois que L. se foi, passados os cinquenta minutos usuais, eu desci até a portaria para saber o que havia acontecido. Os helicópteros ainda sobrevoavam a região, mas o ruído era cada vez mais esparso. Soube então que, na esquina, um assaltante fora baleado e jazia na calçada. Havia roubado um celular de alguém dentro de um desses carrões importados. Para azar seu, esse alguém era um investigador policial. Assim que entregou o celular, saiu do carro com um revólver, deixou o carro ir ladeira abaixo até esbarrar no muro de um *shopping center* próximo, e alvejou o assaltante. Que morreu instantaneamente. O corpo jazia na calçada, bem na ladeira próxima ao meu consultório e do lado da padaria que frequento. Foram muitas horas até a perícia chegar.

Fiquei com vontade de parar de respirar. Afinal, aquele ar estava contaminado de uma morte injusta. Uma dor me cortou. Como é possível uma morte assim? Matar à queima-roupa, sem mais nem menos. Os comentários eram terríveis... era apenas um ladrão, não era um pai de família. O assassino virou herói. E saiu impune. Pelos noticiários fiquei sabendo que o que movia no assalto era um imenso desespero.... morreu um fugitivo da prisão...

Aquele corpo estendido na calçada, tão próximo ao meu consultório, permaneceu durante meses me impedindo de fazer o percurso que levava até minha casa. Aquele corpo ainda está lá.

Tentando refletir

Esse episódio faz refletir sobre o que é o trabalho dentro de um consultório e o que é que fazemos quando saímos pelas ruas, buscando escutar a cidade. Parece que mesmo quando estamos

338 A ESCUTA DO FORA E A ESCUTA DO DENTRO

protegidos pelas quatro paredes de nossos consultórios a cidade se faz presente.

Lembrei do lindo texto de Katerina Malichin (2017), "De língua a língua na linguagem, e então a assunção da fala". Malichin é grega e atende refugiados sírios. Com a ajuda de intérpretes, oferece sua escuta. Parece que é isso que podemos fazer. E não é pouco.

Antes do relato de dois casos clínicos, Malichin nos expõe seu complexo referencial teórico. Assim inicia seu ensaio:

> *Somos falentes (parletres), como nos chama Lacan. Durante a nossa incorporação, recorremos ao corpo sem corpo da linguagem – à qual estamos subordinados, nem todos com o mesmo sucesso – a fim de que ele nos conceda um corpo. Não importa se esse corpo está vivo ou morto. (Malichin, 2017, p. 157)*

Conta que Lacan falou em "significantização", demonstrando de que forma "o significante encontra um apoio em objetos materiais por transformação, elevação" (p. 158). O efeito do significante seria a perda do gozo que jamais será restaurado. Mas até mesmo a linguagem "é regida por uma dimensão gozoza . . . já que cada falente investe a linguagem libidinalmente" (p. 159). E importante conclusão: "linguagem e corpo cooperam, visto que o corpo torna-se o âmbito em que os significantes se instalam" (p. 159),

A seguir, Malichin nos fala, a partir da constatação de que o significante não basta porque há o real e a "corporificação" é o contrário da significantização: é "o significante que entra no corpo" (p. 159).

Quando, em uma sessão dentro de um consultório com isolamento de som, a realidade invade, vivemos uma explosão da significantização e vivemos a corporificação. A linguagem deixa de dar conta.

Malichin vai traçando paralelos entre a linguística e a psicanálise, uma vez que, para ambas, é a linguagem que está em questão. Mas, para a psicanálise, são as línguas individuais que interessam. Malichin pensa a sessão analítica como um dispositivo que transforma o inconsciente, "onde não há linguagem", em linguagem. Citando, "obriga o mecanismo psíquico a transformar-se em mecanismo de linguagem" (p. 163).

Lendo esse texto, pude entender por que não falei a L. sobre os ruídos de violência que assolavam a rua. L. vivia uma imensa dificuldade no processo de significantização. Drogava-se muito, buscava situações-limite, driblava a morte em seu cotidiano. Naquele momento de tanta invasão de uma realidade bruta, eu escolhi me aferrar à linguagem, que, naquele contexto, significava lutar pela vida.

Malichin tem como questão o trabalho psicanalítico com pacientes que têm uma língua materna outra, diferente daquela em que a análise acontece. Conta de sua experiência com refugiados, quando tem que recorrer a um intérprete na sua oferta de escuta. Conta como, nessa oferta de um olhar que humaniza, busca os significantes no corpo. Para ela, o intérprete é figura fundamental nesse trabalho, pois "oferece a morada da língua materna para que o sujeito-refugiado possa ali habitar de novo..." (p. 171).

Fiquei pensando o quanto aqueles ruídos de sirene e helicópteros não teriam tido o papel de intérpretes da realidade de L. Estar naquela sala falando para mim, em meio a ruídos que assustam tanto, funcionou como uma possibilidade de encontrar guarida na linguagem que buscávamos fabricar em nosso encontro.

Referência

Malichin, K. (2017). De língua a língua na linguagem, e então a assunção da fala. In P. S. Souza Jr. (Org.), *A psicanálise e os lestes* (pp. 137-184). Annablume.

Série Psicanálise Contemporânea

Adoecimentos psíquicos e estratégias de cura: matrizes e modelos em psicanálise, de Luís Claudio Figueiredo e Nelson Ernesto Coelho Junior

O brincar na clínica psicanalítica de crianças com autismo, de Talita Arruda Tavares

Budapeste, Viena e Wiesbaden: o percurso do pensamento clínico-teórico de Sándor Ferenczi, de Gustavo Dean-Gomes

Chuva n'alma: A função vitalizadora do analista, de Fátima Flórido Cesar, Marina F. R. Ribeiro e Luís Claudio Figueiredo

Clínica da excitação: psicossomática e traumatismo, de Diana Tabacof

Da excitação à pulsão, com organização de Cândida Sé Holovko e Eliana Rache

De Narciso a Sísifo: os sintomas compulsivos hoje, de Julio Verztman, Regina Herzog, Teresa Pinheiro

Do pensamento clínico ao paradigma contemporâneo: diálogos, de André Green e Fernando Urribarri

Do povo do nevoeiro: psicanálise dos casos difíceis, de Fátima Flórido Cesar

Em carne viva: abuso sexual de crianças e adolescentes, de Susana Toporosi

Escola, espaço de subjetivação: de Freud a Morin, de Esméria Rovai e Alcimar Lima

342 SÉRIE PSICANÁLISE CONTEMPORÂNEA

Expressão e linguagem: aspectos da teoria freudiana, de Janaina Namba

Fernando Pessoa e Freud: diálogos inquietantes, de Nelson da Silva Junior

Figuras do extremo, de Marta Rezende Cardoso, Mônica Kother Macedo, Silvia AbuJamra Zornig

O grão de areia no centro da pérola: sobre neuroses atuais, de Paulo Ritter e Flávio Ferraz

Heranças invisíveis do abandono afetivo: um estudo psicanalítico sobre as dimensões da experiência traumática, de Daniel Schor

Histórias recobridoras: quando o vivido não se transforma em experiência, de Tatiana Inglez-Mazzarella

Identificação: imanência de um conceito, de Ignácio A. Paim Filho, Raquel Moreno Garcia

A indisponibilidade sexual da mulher como queixa conjugal: a psicanálise de casal, o sexual e o intersubjetivo, de Sonia Thorstensen

Interculturalidade e vínculos familiares, de Lisette Weissmann

Janelas da psicanálise: transmissão, clínica, paternidade, mitos, arte, de Fernando Rocha

O lugar do gênero na psicanálise: metapsicologia, identidade, novas formas de subjetivação, de Felippe Lattanzio

Os lugares da psicanálise na clínica e na cultura, de Wilson Franco

Luto e trauma: testemunhar a perda, sonhar a morte, de Luciano Bregalanti

Matrizes da elaboração psíquica no pensamento psicanalítico: entre Freud e Ferenczi, de Thiago da Silva Abrantes

Metapsicologia dos limites, de Camila Junqueira

Os muitos nomes de Silvana: contribuições clínico-políticas da psicanálise sobre mulheres negras, de Ana Paula Musatti-Braga

Nem sapo, nem princesa: terror e fascínio pelo feminino, de Cassandra Pereira França

Neurose e não neurose, 2. ed., de Marion Minerbo

A perlaboração da contratransferência: a alucinação do psicanalista como recurso das construções em análise, de Lizana Dallazen

Psicanálise de casal e família: uma introdução, com organização de Rosely Pennacchi e Sonia Thorstensen

Psicanálise e ciência: um debate necessário, de Paulo Beer

Uma psicanálise errante: andanças cinemáticas e reflexões psicanalíticas, de Miriam Chnaiderman

Psicopatologia psicanalítica e subjetividade contemporânea, de Mario Pablo Fuks

Psicossomática e teoria do corpo, de Christophe Dejours

Razão onírica, razão lúdica: perspectivas do brincar em Freud, Klein e Winnicott, de Marília Velano

Relações de objeto, de Decio Gurfinkel

Ressonâncias da clínica e da cultura: ensaios psicanalíticos, de Silvia Leonor Alonso

Sabina Spielrein: uma pioneira da psicanálise – Obras Completas, volume 1, 2. ed., com organização, textos e notas de Renata Udler Cromberg

Sabina Spielrein: uma pioneira da psicanálise – Obras Completas, volume 2, com organização, textos e notas de Renata Udler Cromberg

344 SÉRIE PSICANÁLISE CONTEMPORÂNEA

O ser sexual e seus outros: gênero, autorização e nomeação em Lacan, de Pedro Ambra

Tempo e ato na perversão: ensaios psicanalíticos I, 3. ed., de Flávio Ferraz

O tempo e os medos: a parábola das estátuas pensantes, de Maria Silvia de Mesquita Bolguese

Tempos de encontro: escrita, escuta, psicanálise, de Rubens M. Volich

Transferência e contratransferência, 2. ed., de Marion Minerbo